¡SE RETIRAN TODOS LOS CARGOS!

{ TOMO 2 }

¡Se retiran todos los cargos! Relatos devocionales desde la corte terrenal hasta el trono de la gracia, Tomo 2

Publicado por:

1517 Publicaciones
PO Box 54032
Irvine, CA 92619-4032

ISBN Paperback 978-1-956658-08-8
ISBN EBook 978-1-956658-09-5

Información de catalogación en la fuente del publicador

Impreso en los Estados Unidos de América.

Diseño de portada por Zachariah James Stuef.

Los relatos devocionales están inspirados en la experiencia del autor como traductor de la corte. Pero cualquier similitud con personas reales, vivas o fallecidas, o con hechos reales, es mera coincidencia. La información acerca de nombres, edades, género y ubicación ha sido modificada para proteger a todos y cada uno de los individuos que inspiraron los relatos. Cualquier similitud con una persona o caso específicos es mera coincidencia.

Versiones de la Biblia usadas:

BLPH La Palabra, (versión hispanoamericana) © 2010 Texto y Edición, Sociedad Bíblica de España.

DHH *Dios habla hoy®*, © Sociedades Bíblicas Unidas, 1966, 1970, 1979, 1983, 1996.

LBLA La Biblia de las Américas (LBLA) Copyright © 1986, 1995, 1997 por The Lockman Foundation.

NBLA Nueva Biblia de las Américas™ NBLA™ Copyright © 2005 por The Lockman Foundation.

NBV Nueva Biblia Viva, © 2006, 2008 por Biblica, Inc.

NTV La Santa Biblia, Nueva Traducción Viviente, © Tyndale House Foundation, 2010.

NVI Santa Biblia, NUEVA VERSIÓN INTERNACIONAL® NVI® © 1999, 2015 por Biblica, Inc.®, Inc.® Usado con permiso de Biblica, Inc.® Reservados todos los derechos en todo el mundo.

PDT Palabra de Dios para Todos © 2005, 2008, 2012, 2015 Centro Mundial de Traducción de La Biblia © 2005, 2008, 2012, 2015 Bible League International.

RVA Reina Valera Antigua, dominio público.

RVA-2015 Version Reina Valera Actualizada, Copyright © 2015 by Editorial Mundo Hispano.

RVC Reina Valera Contemporánea Copyright © 2009, 2011 by Sociedades Bíblicas Unidas.

RVR1960 Reina-Valera 1960 ® © Sociedades Bíblicas en América Latina, 1960. Renovado © Sociedades Bíblicas Unidas, 1988. Utilizado con permiso.

RVR1995 Reina-Valera 1995 (RVR1995) Copyright © 1995 by United Bible Societies.

TLA Traducción en Lenguaje Actual Copyright © 2000 by United Bible Societies.

¡SE RETIRAN LOS CARGOS!

{ TOMO 2 }

Relatos devocionales desde la corte terrenal hasta el trono de la gracia

HAROLDO S. CAMACHO

Prólogo de Donavon Riley

Para:

Seb, Lola, Ethan, Leslie, Laura; Vince, Noah, Alan, Esther; Jaylee Jill, Kristina, Tyler; Orlando Samuel, Mercedes Camacho; Samuel Camacho, Bertilda Camacho; Alberto Samuel, Elber Samuel, toda mi más cercana familia biológica, y mi familia del corazón; y a mi familia extendida en el evangelio, a quienes solo conoceré en el reino del Hijo de Dios, Hijo del Hombre, y por su sola gracia.

Índice

Prólogo

La tesis central del apóstol Pablo es que no podemos persistir en confiar en nuestras propias fuerzas. Nuestra condición innata jamás puede ser otra que desvalimiento y conflicto. En consecuencia, solo existe una forma posible de terminar con esto. Jesucristo debe venir a nosotros.

Esta fue la experiencia de Pablo, como nos informan sus epístolas. Mientras Pablo permaneció como fariseo, aun siendo «fariseo de fariseos», como él afirmó, estaba atrapado en una lucha sin esperanza. Conocía muy bien los mandamientos de Dios y sabía que debía vivir como un hombre bueno y justo. Pero a pesar de su ferviente deseo de cumplir, sus esfuerzos eran en vano.

Entonces Jesucristo vino a él. El Dios a quien él perseguía y enjuiciaba le reveló la verdad a Pablo, lo trasladó al reino de Cristo, y transformó y renovó los pensamientos de su mente. Ahora Cristo gobernaba la vida de Pablo y el resultado fue que su vieja humanidad quedó aniquilada. Ahora Pablo difería en todo sentido del celoso fariseo que se aferraba a la ley como una guía y estímulo para vivir una vida justa delante de Dios.

Pablo experimentó lo que muchos —incluido el autor de este libro— han vivido: aun cuando vivimos conforme a los principios de los mandatos de Dios y las leyes humanas no somos lo bastante fuertes para dominar nuestro corazón pecaminoso. A consecuencia de esto, quedamos reducidos a miserables criaturas. Es decir, reconocemos aquello que deberíamos hacer, y genuinamente queremos hacerlo, pero somos incapaces de doblegar nuestro egocentrismo. En términos teológicos, a eso se refiere la doctrina de la iglesia acerca del pecado original. Somos pecadores, lo que significa que somos inherentemente egoístas y no hay nada que podamos hacer para cambiar de dirección y volvernos plenamente abnegados, como Dios nos exige. La tragedia de la existencia humana es, entonces, que en nuestra búsqueda de una vida buena y justa nos volvemos cada vez más egoístas.

Este libro, entonces, al igual que las epístolas de San Pablo, tiene mucho que decir acerca de la vida vieja y la nueva; específicamente, cómo se puede obtener la vida y la justicia.

El único medio para obtener la vida y la justicia es concedido por Dios como un regalo gratuito. Jesucristo, no la ley, realiza lo imposible para nosotros. La muerte y resurrección de Jesús nos libera de la carga, el intolerable apremio de intentar diariamente vivir de tal manera que podamos demostrar que somos dignos de presentarnos delante de Dios y escucharlo decir: «¡Hiciste bien, siervo bueno y fiel!».

Es esta proclamación radical lo que cambia todo para nosotros. Ya no se habla acerca de lo que se debe hacer y dejar de hacer. Ya no hay ningún debate acerca de obedecer los mandamientos de Dios mediante el ejercicio de nuestra fuerza de voluntad. Ahora que Cristo se ha levantado de los muertos, a partir de la predicación del evangelio y la administración de sus dones de salvación es evidente que en la vida de los cristianos solo hay un principio operativo: el amor voluntario y espontáneo de Dios derramado sobre nosotros en abundancia en y a través de Jesucristo.

En consecuencia, en este libro el lector descubrirá evidencia a favor de Cristo que no exige un veredicto. El autor comprende bien que, pese a que la ley es buena, nos impone una carga terrible. Las exigencias de la ley de que vivamos una vida buena y justa nos causan angustias y perplejidades, no porque la ley haga una oferta engañosa, sino porque somos incapaces de hacer lo que ella ordena.

Por tanto, de una forma notablemente paulina, el autor nos dice esto mismo mediante una serie de meditaciones tomadas de su propia vida, para liberarnos de la terrible carga de la ley, y consolarnos con el evangelio de Jesucristo. Un evangelio que declara:

> ... a su debido tiempo, cuando aún éramos débiles, Cristo murió por los pecadores. Es difícil que alguien muera por un justo, aunque tal vez haya quien se atreva a morir por una persona buena. Pero Dios muestra su amor por nosotros en que, cuando aún éramos pecadores, Cristo murió por nosotros (Romanos 5:6-8).

En el Nombre de Jesús,
Rev. Donavon L. Riley
18 de julio de 2022

Prefacio

Por más de veinte años oí innumerables veredictos de «¡Culpable!», acentuados por los martillazos del juez. Cada día laboral fungía como traductor oficial en los tribunales de justicia de California, Estados Unidos. A veces, en un solo día oíamos más de cien casos de todo tipo de criminalidad. Algunos eran infracciones de tránsito; otros, delitos menores; otros, delitos graves. También había innumerables peticiones de divorcio, órdenes de alejamiento, acusaciones de maltrato infantil, y muchos casos en el tribunal tutelar de menores. En el centro de cada acusación había un ser humano que, desde que comenzó a respirar como recién nacido, había representado la inocencia, la curiosidad, el gozo y la promesa de la existencia humana. Sin embargo, años más tarde, aquí estaba esa misma persona, acusada de cualquiera de muchos delitos, o de varios: robo a mano armada, agresión, asesinato, violación y todo tipo de agresión sexual; maltrato físico y abuso sexual de menores, tráfico de drogas, allanamiento de morada, conducción en estado de ebriedad, abuso de todo tipo de estupefacientes, y delitos de cuello blanco. La lista era interminable. En la mayoría de los casos, la humanidad de los acusados parecía haberse desvanecido, pues unos a otros se agredían sin misericordia alguna.

Las comparecencias en los tribunales, desde la instrucción de cargos, pasando por las audiencias preliminares, hasta el juicio y la sentencia, eran un gran despliegue de la humanidad en sus peores momentos, y rara vez, en los mejores. También fui testigo del sistema judicial en sus mejores momentos, y a veces, en los peores. La justicia, en definitiva, está en manos de gente imperfecta: jueces, abogados, actuarios, y sí, ¡incluso intérpretes! A veces uno se preguntaba si algunos jueces se dejaban guiar por sus propios prejuicios contra el individuo diferente, el extranjero, el inmigrante, o el indefenso. No obstante, por lo general, reinaba la ley. La ley abarca cada detalle de la conducta delictiva y aplica el castigo correspondiente. Sin embargo, la ley escrita es ciega y sorda a las lágrimas de arrepentimiento, las peticiones de clemencia y las promesas de cambio de conducta. A veces parecía que la inflexibilidad de la ley producía en algunos más maldad que contrición de espíritu. Pude ver cómo, bajo las sofocantes demandas de la ley, los corazones se enfriaban y endurecían, tanto en jueces como en delincuentes.

En este libro encontrarás muchas de esas historias. Sin embargo, hay una sola historia que se cuenta y que vale la pena recordar. Es la historia del evangelio. Las anécdotas de los tribunales son tan solo un megáfono que anuncia la gran historia procedente del tribunal de Dios. Allí, él dictó su sentencia de gracia sobre la humanidad. Esa es la historia de la asombrosa iniciativa de Dios, por la cual, en Jesucristo, dicta fallos de «perdón» a cada pecador culpable. Sin embargo, esto tiene un gran costo: la encarnación voluntaria del singular Hijo de Dios, Jesucristo. Él se convirtió en nuestro Sustituto en su vida, muerte y resurrección. Por medio de su obra consumada, Dios pudo dictar gracia en lugar de condena, y perdón en vez de muerte eterna, solo por gracia, solo por Cristo, y solo por fe. Cada historia va desde los inflexibles dictados de la ley humana hasta el tribunal celestial en la presencia de Dios. Allí, la ley es aun más inflexible, y es por eso que Jesucristo se hizo voluntariamente carne para que el peso de la ley cayera sobre él. De esa manera, los pecadores reciben gracia y misericordia por medio de la vida y el sacrificio de Cristo.

Tal vez algunos verán demasiada gracia en la historia del evangelio como se narra aquí. Sinceramente, ¡espero que así sea! Parafraseando el prefacio de Lutero, en su comentario sobre Gálatas:

«Formulé estas narraciones solamente para los perturbados, los afligidos, los tentados (pues son los únicos que pueden entender esta gracia), aquellos que han sufrido la pérdida de su fe. Quienes necesiten más instrucción para vivir una vida piadosa, bien pueden acudir a otros libros, con mejores anécdotas de vidas transformadas y pasos para vencer todo mal, pues esos libros son legión».

Agradezco a mi esposa Mercedes, que me animó a llevar a cabo esta compilación de mis experiencias, y a mi hijo Orlando, que cada día me enseña la gracia de perdonar y ser perdonado. Sin embargo, este libro es para ti, que lo estás leyendo. Memoriza los textos bíblicos, cópialos a mano, ponlos en tus tabletas y plataformas digitales, y haz tuyo este libro. Cada día, a solas o con tu familia, lee tus historias favoritas, y recuerda: gracias a Jesús, tus pecados han sido perdonados.

Haroldo S. Camacho, PhD.
22 de enero de 2022,
Davie, Florida

1

¿Bajo qué puente voy a vivir con mis hijos?

«Jesús le dijo: Yo soy el camino, y la verdad, y la vida...» (Juan 14:6 RV60).

—Y ¿a dónde quiere que me vaya con mis cinco hijos? ¿Debajo de un puente? —Este padre soltero respondía al abogado. El dueño de los apartamentos lo demandaba porque no había desalojado el apartamento. —Tiene hasta fin de mes para desalojar. —Y ¿bajo qué puente me voy con mis hijos? —Usted presentó una identidad falsa cuando alquiló el apartamento. Tiene que entregar la propiedad. —Pero ahora sí tengo mis documentos al día. —El tema es otro. Usted mintió para alquilar estos apartamentos de bajo costo. ¿Promete desalojar antes de fin de mes, sí o no? —Es injusto. Ahí tengo cerca la escuela de mis hijos y la señora que los cuida cuando voy al trabajo. Pagaré lo que me pidan. —Entonces iremos ante el juez, y él decidirá. —El juez no tardó en emitir su fallo: «¡Le ordeno desalojar de inmediato!». —El hombre salió cabizbajo de la sala. Yo salí tras él para ofrecerle algún tipo de consuelo. —Entonces, ¿de veras no tiene dónde ir con sus hijos? —¡No! —afirmó—. Estoy totalmente solo en este país. —Y ¿la mamá de los niños? —pregunté. —Nos abandonó hace más de un año. Estoy totalmente solo, sin ningún apoyo. —Estábamos en el pasillo. En eso, se abrió la puerta del baño de damas, y salió una mujer muy apuesta, que no vaciló en besar sus labios. —¿Cómo te fue? ¿Estás bien, mi amor? —le preguntó. Sin decir más palabras, él le cogió la mano, y luego salieron del tribunal tomados del brazo. Me quedé pasmado.

Pero, el que esté libre de engaño y mentiras, que tire la primera piedra. ¿Quién no ha exagerado sus logros «tan solo un poco»? O ¿qué de ese pretexto que usamos cuando llegamos tarde al trabajo? Mentimos incluso con la mirada o el silencio. Solo de Jesucristo se dijo que no se «halló engaño en su boca» (1 Pedro 2:22 RV60). Además, se dijo que era «santo, inocente, sin mancha, apartado de los pecadores, y hecho más sublime que los cielos» (Hebreos 7:26 RV60). De sí mismo, dijo: «Yo soy la verdad, y la vida» (Juan 14:6 RV60), dando a entender que su verdad y su vida son una sola cosa. Pero él no vino para lucir su integridad sino para entregarla. Al mentiroso más grande del mundo, le dice: «Yo reemplazo tu mentira y tu maldad con mi verdad y mi vida. De lo contrario, tus mentiras quedarán al descubierto en el día del juicio». De modo que, en la cruz, Jesús asumió todas las mentiras de todos los mentirosos (cada ser humano) de toda la historia de la humanidad. Él, siendo el más puro diamante de verdad, asumió en su ser toda la tiranía, crueldad e inmundicia de la falsedad.

En la cruz, el más íntegro y veraz se hizo el más mentiroso para que todos los mentirosos de la historia fueran considerados los más íntegros y veraces. Eso nos incluye a ti y a mí. Pero la integridad de la verdad en el centro de su ser venció toda falsedad, tal como lo comprueba su resurrección de entre los muertos.

En nuestra historia del mentiroso desamparado, sus mentiras quedaron expuestas por los afectos de la señora en el pasillo. Es evidente que había mentido al juez. Y ella, ¿era cómplice de sus mentiras? No quedó claro. Pero ciertamente, no estaba solo. Entonces, ¿qué es mejor? ¿Estar acompañado en una vida de mentiras, o vivir sin compañía una vida de verdad?

Sin embargo, Jesús no nos encuentra en nuestra «vida de verdad». Nos encuentra en nuestra vida de mentiras, nuestra falsedad, la falta de integridad en lo más íntimo de nuestro ser, y la compañía de la cual nos rodeamos para cubrir nuestra desnudez. Sale a nuestro encuentro como un Salvador y Consolador, y no como Moisés. Nos toma en sus brazos para que no caigamos en nuestros senderos resbaladizos. En ese instante, nos susurra donde nadie más puede susurrar: «Yo soy el camino, la verdad, y la vida» (Juan 14:6 RV60). Y en los pasillos solitarios de nuestra vida, nos sorprende con el beso de su gracia.

2

¿Devolviendo bien por mal?

> «Pues estoy convencido de que ni la muerte ni la vida, ni ángeles ni demonios, ni lo presente ni lo por venir, ni los poderes, ni lo alto ni lo profundo, ni cosa alguna en toda la creación podrá apartarnos del amor que Dios nos ha manifestado en Cristo Jesús» (Romanos 8:38–39 NVI).

—Yo lo rasguñé porque mis amigas me enviaban textos, me decían que él andaba con otras. —La acusada explicaba a su abogado defensor lo sucedido; yo traducía la entrevista. —Se había ido a vivir con su mamá, así que lo fui a ver porque necesitaba dinero para los pañales del bebé. Cuando llegué ahí, estaba sentado en el sofá. Tenía un par de chicas sentadas en sus piernas, y otra por atrás, masajeándole la espalda. Cuando me vio, me soltó un montón de vulgaridades, y todas se rieron de mí. Y luego, vino y me abrazó. Fue entonces que le rasguñé la cara. Una de las chicas llamó a la policía. Nos arrestaron a los dos. A él le encontraron drogas en los bolsillos. A mí me soltaron después de un par de días, pero tengo que defenderme de estos cargos de agresión. A él lo dejaron libre después de una semana. —Y ¿siguen viviendo juntos? —preguntó el abogado. —No, él sigue en la casa de su mamá. Pero hace una semana se accidentó saliendo del trabajo. Un coche se saltó la señal de alto y lo chocó. Se quebró unas costillas, una pierna, y se lastimó la cabeza. Yo le llevo comida y le cambio las vendas porque ni su mamá lo cuida. —Entonces, ¿van a volver a estar juntos? —Bueno —respondió con una tímida sonrisa—, en eso estamos.

Cada cual juzgará si ella hizo bien en cuidarlo o no, o en pensar en volver con él. Pero en la locura de su amor por ese muchacho infiel, perverso y obsceno, ella estaba siendo fiel a la Escritura: «Si alguien los trata mal, no le paguen con la misma moneda. Al contrario, busquen siempre hacer el bien a todos» (Romanos 12:17 TLA). «No te dejes vencer por el mal; al contrario, vence el mal con el bien» (Romanos 12:17–21 NVI).

Pero, más allá de cualquier ejemplo humano, está la realidad de la obra que Jesús hizo por nosotros. Él venció nuestro mal con su bien. Desde el primer llanto de ese bebé en Belén, hemos ignorado, resistido, luchado contra, despreciado su bien con nuestro mal. Le negamos un lugar en el mesón, lo hicimos nacer en un maloliente establo, procuramos su muerte tan pronto como nació, lo enviamos como inmigrante a otro país, resistimos sus enseñanzas, lo arrestamos con cargos inventados, rasguñamos su rostro con una corona de espinas, lo clavamos a una cruz, y finalmente lo sepultamos en una cueva cubriendo la entrada con una pesada piedra. Ese fue nuestro mal, el mal de la humanidad. ¿Qué nos devolvió él? Una vida santa en reemplazo de la nuestra; resistió las más atractivas tentaciones en nuestro lugar, llevó nuestro pecado en la cruz, enterró nuestros pecados eternamente junto con él, y resucitó como garante de nuestra resurrección. Por todo nuestro mal, él nos devolvió todo su bien, y con las llagas que sufrió al hacerlo, sanó nuestro mal.

«Pues estoy convencido de que ni la muerte ni la vida, ni los ángeles ni los demonios, ni lo presente ni lo por venir, ni los poderes, ni lo alto ni lo profundo, ni cosa alguna en toda la creación podrá apartarnos del amor que Dios nos ha manifestado en Cristo Jesús nuestro Señor» (Romanos 8:38–39 NVI).

3

Vas a salir en una bolsa para cadáveres

> «Los sanos no tienen necesidad de médico, sino los enfermos. No he venido a llamar a justos, sino a pecadores» (Marcos 2:17 RV60).

Cuando me fijé en la hoja de acusaciones, me estremecí: «Asesinato en primer grado». Después, durante la entrevista con el abogado, me di cuenta de la desesperada situación del acusado. No tenía testigos a su favor, todas las evidencias estaban en su contra. Se encontraba solo en este país. Pocos meses antes se había unido a una pandilla. Esta le cobró la entrada: tenía que asesinar a un cabecilla de una pandilla opuesta. No era cualquier pandilla. Era un poderoso grupo criminal que operaba en toda América. El joven vio un futuro en esa pandilla. Le ofrecían poder, dinero, mujeres. Pero primero, tenía que cobrar una vida. Así fue. Acechó a su víctima, y cuando lo encontró, lo asesinó de un solo disparo. Lo que no sabía era que sus mismos compañeros lo habían traicionado. Solo necesitaban un verdugo. Él se prestó fácilmente, engañado por su ambición. Su misma pandilla lo delató, pues no querían correr con esa cuenta. Ahora, la pena de muerte pendía sobre su cabeza. Me tocó traducir las crueles pero justas palabras de su abogado: —Francamente, no veo defensa para tu caso. La fiscalía quiere la pena de muerte. Lo más probable es que salgas de la prisión en una bolsa para cadáveres. —Un gemido profundo, casi inaudible, brotó desde el pecho del acusado. Pero con una mirada desafiante, reclamó a su abogado: —Defiéndame hasta el final. No acepto la derrota.

Es difícil defender causas perdidas. El abogado tiene que pintar el cuadro con la más cruda realidad, o acudir a una acuarela de falsas esperanzas. Nuestro abogado celestial no nos pinta ningún cuadro. Él asume nuestra realidad, nuestra propia historia. Toma nuestro lugar como el delincuente. Él sintió la soledad del que no tiene recurso alguno, nadie a quien acudir. En el Getsemaní, y luego en la cruz, sintió cómo la pena de muerte abatía su santo e inocente espíritu. Sufrió la pena capital que nosotros merecíamos. Sus lienzos fúnebres fueron su bolsa de cadáver. Pero no aceptó la derrota. Él es el único abogado que tomó el lugar de todos sus defendidos, y luchó por ellos hasta el final. Cuando estuvo satisfecho por haber acabado su obra, exclamó: «Consumado es». Pero los lienzos no lo pudieron retener, pues «en él estaba la vida, y las tinieblas no prevalecieron contra ella» (Juan 1:4–5 RV60). Él salió de la tumba, ascendió a los cielos, y de allí vendrá por los vivos y los muertos. Con su vida, te defiende hasta el final, el cual será tu verdadero principio. No serás vencido. Su vida reemplaza toda tu vida. Él es tu nacimiento, tu muerte, tu castigo, tu futuro, y toda tu vida está escondida en él. «Dios nos ha dado vida eterna; y esta vida está en su Hijo» (1 Juan 5:11 RV60). Tu futuro no es una bolsa para cadáveres. Tu pasado, presente y futuro es la envoltura de su manto de justicia que cubre cada instante de tu vida. ¿Nos parece raro que Dios extienda tal gracia a delincuentes y pecadores? Nuestro Abogado dijo: «Los sanos no tienen necesidad de médico, sino los enfermos. No he venido a llamar a justos, sino a pecadores» (Marcos 2:17 RV60). Jesús ofrece su obra de defensor gratuitamente. Él ya te ha defendido hasta el final, que es tu portal a tu nuevo inicio, por el cual ya hemos entrado, únicamente por fe. «Porque habéis muerto, y vuestra vida está escondida con Cristo en Dios. Cuando Cristo, vuestra vida, se manifieste, entonces vosotros también seréis manifestados con él en gloria» (Colosenses 3:3–4 RV60).

Sí, y gemimos, pero es ese gemido de la fe, que susurra: «Hágase tu voluntad, arrópame con tu salvación, ¡esconde mi vida en la vida de Cristo!».

4

¡El cartel de los tamales!

> «Porque mi carne es verdadera comida, y mi sangre es verdadera bebida. El que come mi carne y bebe mi sangre, en mí permanece, y yo en él» (Juan 6:55-56 RV60).

No es broma alguna. De hecho, debería ser en plural: «Los carteles de los tamales». Dos hermanas gemelas ya adultas se presentaron ante el Tribunal de Familias para pedir cada una una orden de alejamiento contra la otra. En vez de sentimientos fraternos, había amarguras y rencillas. Las dos habían sido criadas juntas, en el mismo hogar, pero las rencillas no cesaron. Para subsistir, ambas se dedicaron a la preparación y venta de tamales. Se colocaban en lugares estratégicos de los estacionamientos de los centros comerciales. Cada cual se disputaba el mejor lugar para captar la mayor cantidad de clientes. Cierto día, una de ellas estaba de pie guardando un lugar de estacionamiento mientras esperaba que llegara su marido con el coche y los tamales. En ese momento, llegó su hermana con su propio coche y sus tamales queriendo utilizar el mismo lugar. Poco a poco, fue entrando hasta que casi empujó a su hermana. Una persona que pasaba debió tirar de ella para darle lugar al coche. Convencida de que su gemela había querido atropellarla, llamó a la policía. Esta les advirtió que, si no se retiraban ambas, las dos quedarían arrestadas. Semanas después, cada una entabló una demanda solicitando al juez una medida de protección. La reacción del juez no fue nada chistosa:

«¡Si van a traer algo al tribunal, traigan algo mejor que sus tamales! ¡Aquí no se ventilan disputas territoriales por carteles de tamales! ¡Ya son mujeres hechas y derechas! Ofrezcan sus tamales, pero sin el picante de sus tontas peleas. Niego ambas solicitudes. ¡Aprendan a llevarse bien! He dicho».

La historia sagrada habla de los primeros hermanos de la historia, Caín y Abel. Dios pidió una ofrenda por sus pecados. Caín era agricultor, y trajo los mejores frutos de su cosecha: hermosas frutas y verduras. Abel era pastor de ovejas, y trajo un cabrito que sacrificó ante la presencia de Dios. El relato bíblico dice: «El Señor miró con agrado a Abel y a su ofrenda, pero no miró así a Caín ni a su ofrenda, por lo que Caín se enojó muchísimo y puso muy mala cara» (Génesis 4:4-5 DHH). Poco tiempo después, Caín se levantó contra su hermano, y lo mató. Las guerras religiosas han existido desde aquel entonces, y han manchado la historia de la humanidad con sangre, por el mismo motivo: ¿Qué ofrendas traemos a Dios por nuestros pecados? ¿Las mejores obras de nuestras manos (nuestros tamales), o el sacrificio perfecto de su Hijo, el Cordero de Dios que quita el pecado del mundo? El Señor dijo que su cuerpo es para nosotros «verdadera comida», y su sangre, «verdadera bebida». Y también: «El que come mi carne y bebe mi sangre, en mí permanece, y yo en él» (Juan 6:56 RV60). Su obra consistió en llevar sobre su propio cuerpo nuestras culpas y pecados, y derramar su sangre para el perdón de nuestros pecados. Eso es pan de vida, y bebida. Sobre todo, es gratuito, y lo recibes solo por fe. Además, comer y beber de su vida nos devuelve el amor entre hermanos y hermanas. «¡Mirad cuán bueno y cuán delicioso es habitar los hermanos juntos en armonía!» (Salmo 133:1 RV60).

5

Una deuda impagable

> «Y muertos estaban a causa de sus delitos y de su condición de paganos. Pero ahora, Dios los ha vuelto a la vida con Cristo y nos ha perdonado todos nuestros pecados» (Colosenses 2:13 BLPH).

—Señora, ¿ha estado cumpliendo con sus pagos mensuales? —Pues sí, pago 50 dólares al mes. —¿Tiene alguna idea del saldo? —No, pero ya hice quince pagos. Aquí tengo todos los recibos. —Yo traducía al abogado defensor y a la acusada. —Bien, voy a enseñárselos al fiscal. Puede ser que le reduzca la gravedad de los cargos. Por ahora usted está siendo acusada de fraude al bienestar social por más de 25 000 dólares. Debido a su situación ilegal en este país, no puede recibir ayuda del bienestar social. —Sí, yo sé, cometí un gran error. Y la vergüenza que me hicieron pasar cuando me arrestaron. Vinieron esos policías a las cuatro de la madrugada. Yo estaba durmiendo con apenas una bata de dormir; me arrestaron frente a mis hijos, y así me llevaron a la comisaría. Soy madre soltera con seis hijos. ¡Tanto que trabajo en el campo para cumplir con esos pagos de 50! —Escuche: el fiscal le está haciendo una oferta hoy. Si usted se compromete a pagar todo, hoy mismo le reducirá los cargos a un delito menor, con la condición de que haga cuarenta y cinco días de servicio comunitario, y pague una multa de 600 dólares por encima de lo que debe. Además, se reduce la posibilidad de que inmigración la deporte. ¿Comprende? ¿Acepta? —Pues no me queda otra, ¿verdad?

—El abogado sacó la cuenta. Le faltaban 505 pagos mensuales de 50 dólares. A ese ritmo, terminaría de pagar en cuarenta y dos años. Ella tenía treinta y cinco. ¡Saldaría su cuenta a los setenta y siete años de edad!

Jesucristo contó una historia de dos deudores. Uno debía el equivalente de 10 000 dólares al rey. Como no podía pagar, el rey decidió saldar la deuda vendiéndolo en esclavitud a él, su esposa, sus hijos, y todos sus bienes. Pero el siervo le suplicó al rey, prometiéndole que pagaría toda la deuda. De pura compasión, el rey le perdonó toda la deuda. No podía aceptar pequeños abonos a la cuenta. Esa no era su oferta. O pagaba toda la cantidad, o aceptaba que se le perdonara el total. Sencillamente fue P E R D O N A D O. En un instante quedó libre de esa inmensa carga. Pero ese mismo siervo tenía un amigo, consiervo suyo, que le debía unos 200 dólares. Como no le pagaba, lo demandó, y lo mandó a la cárcel. Cuando el rey se enteró de la crueldad del siervo perdonado, lo mandó al calabozo hasta que pagara el último centavo (Mateo 18:23–35 RV60). La misericordia del rey es asombrosa, pero la maldad del perdonado nos deja boquiabiertos. No obstante, Jesús no contó toda la historia. Lo demás lo contó cuando subió a la cruz. Allí pagó nuestra otra deuda: pagó por nuestra maldad contra nuestro prójimo. «Y muertos estaban a causa de sus delitos y de su condición de paganos. Pero ahora, Dios los ha vuelto a la vida con Cristo y nos ha perdonado todos nuestros pecados» (Colosenses 2:13 BLPH).

Muchos desprecian esta asombrosa e increíble oferta de gracia. Prefieren depositar su confianza en sus pagos diarios de obras, tratando de reducir la deuda por sus pecados haciendo un esfuerzo tras otro, por su propia fuerza de voluntad, para cambiar sus vidas. Creen que, con la acumulación de sus pagos, Dios finalmente perdonará sus pecados cuando den su último suspiro. Pero será una vida entera de pagos sin valor alguno, pues todo será declarado nulo y sin valor. Porque solo la fe se aferra a lo que Dios coloca en sus manos, y eso es toda la vida de Cristo, puesta en su cuenta. Y esa es la única vida que se acepta. Si se mezcla con ella el más mínimo pago de obra humana, todo será rechazado. «Pero al que obra, no se le cuenta el salario como gracia, sino como deuda [...] Y si por gracia, ya no es por obras; de otra manera, la gracia ya no es gracia» (Romanos 4:4; 11:6 RV60).

De otro modo, hay que sacar la calculadora. Pon ahí la deuda de tus pecados, más la deuda por tu naturaleza pecaminosa. Se trata de esa naturaleza que no puedes controlar: tu ira, furia, morbo, deseos de venganza, no solamente contra quien te ofendió mucho, sino también por la más mínima ofensa. O esos pensamientos en los que te felicitas por no ser tan malo como los demás, o te complaces por lo que piensas que son tus logros en cambiar tu carácter: esas palmaditas en tu propia espalda también vienen de tu naturaleza pecaminosa. Vamos, ¿cuál es el total? ¿Cuántos pagos tienes que hacer? ¿Cuántas vidas tendrías que vivir? ¿Cuántas eternidades?

«Mas al que no obra, sino cree en aquel que justifica al impío, su fe le es contada por justicia» (Romanos 4:5 RV60). Al instante. Más rápido que la velocidad de la luz, tu deuda se paga por entero, y eres declarado eternamente justo ante Dios. En vez de toda una eternidad de pagos, te espera una eternidad de adoración al que «nos ama y nos libertó de nuestros pecados» (Apocalipsis 1:5 LBLA). Amén.

6

Donde hay humo... hay fuego

> «Dichoso el hombre que no sigue el consejo de los malvados, ni se detiene en la senda de los pecadores, ni cultiva la amistad de los blasfemos, sino que en la ley del Señor se deleita, y día y noche medita en ella. Es como el árbol plantado a la orilla de un río que, cuando llega su tiempo, da fruto y sus hojas jamás se marchitan. ¡Todo cuanto hace prospera!» (Salmo 1:1–3 NVI)

Cuando el acusado se presentó ante el juez, vi las fotos de reojo. Inmediatamente supe que se metería en problemas. Como intérprete del juzgado, no se me permite asesorar a los acusados. Cuando el acusado se presenta ante el juez sin abogado, yo solo estoy ahí para ser la voz del acusado en el idioma inglés. A la vez, para ser la voz del juez en el idioma español. La acusación fue presentada por la compañía de bomberos. El acusado había encendido una fogata en violación del código de incendios. Desde la ventana de la estación, el capitán de bomberos había visto una columna de humo que se elevaba desde un conjunto de viviendas. Aunque no había recibido una llamada de emergencia, se preocupó, pues «donde hay humo, hay fuego». De inmediato se dirigió allí en un camión de bomberos. Al llegar, efectivamente encontró a dos hombres, colocando ramas verdes de un árbol recién podado, sobre los carbones encendidos de una fogata en medio del patio de la casa. Ahora, el acusado insistía en que la fogata había sido para una barbacoa familiar, y «se les había hecho fácil quemar unas pocas ramas» que no representaban peligro alguno. Como prueba de su inocencia, traía fotos de la fogata, incluyendo los carbones encendidos. «Mire usted las fotos, su Señoría; se dará cuenta de que no fue nada». El capitán rebatía diciendo que, por más pequeña que sea, cualquier fogata en una zona residencial atenta contra la seguridad del vecindario debido a chispas que podría llevar el viento, y por tanto, es prohibida. Ante tanta insistencia del acusado, el juez echó un vistazo a las fotos. Una fugaz sonrisa cruzó su rostro. Enseguida emitió su fallo: «Culpable de violar el código de incendios. Pague la multa».

Muchos se presentan ante Dios alegando inocencia. Como prueba, traen sus muchas buenas obras, pretendiendo ganar el favor de Dios. Pero donde hay humo, hay fuego. Y Dios es un fuego consumidor, y todas esas obras son tan solo humo en sus narices (Isaías 65:5 RV60). Lo único que esas obras logran es ¡condenarnos! ¿Por qué? Porque son imperfectas, defectuosas, siempre contaminadas con algún grado de interés propio, y del vano placer que sentimos cuando nos felicitan por ellas. O tal vez porque otros nos conceden mayor respeto que antes, pensando que somos más de lo que somos en verdad. Además, hay tantas otras obras que dejamos de hacer para nuestro bien y el bien de otros. Recordemos: la norma es amar al prójimo como a nosotros mismos. ¿Realmente lo hacemos honrada, fiel y persistentemente sin esperar nada por los favores que hacemos, y sin recriminar a nadie por no darse cuenta, ni darnos al menos una palmadita en la espalda?

Por otro lado, tampoco podemos venir ante él con nuestras obras de desobediencia; nuestras obras perversas, las obras de la carne, que evidencian ira contra nosotros mismos y contra nuestro prójimo, aunque sea en el grado más leve. Estas también nos condenan.

Entonces, ¿con qué prueba nos acercaremos al Juez? Tan solo podemos ofrecer las obras de Cristo, el único cuyo corazón fue recto, sin doblez alguno, sin mancha, y cuyo amor fue íntegro, sin el menor grado de interés propio. Porque el Juez del universo reconoce solamente esas obras como justas, perfectas y aceptables.

Cualquier otra obra, no importando cuán justa, buena y valiosa sea —muchas, de hecho, son eso y más—, es, de todos modos, rechazada por Dios como un trapo de inmundicia (Isaías 64:6 RV60). «Porque por gracia ustedes han sido salvados mediante la fe; esto no procede de ustedes, sino que es el regalo de Dios, no por obras, para que nadie se jacte» (Efesios 2:8–9 NVI). La única foto que Dios quiere ver como prueba de nuestra justicia es la de Cristo. Cualquier otro rostro en esa foto nos acusa de quebrantar todo código moral. Pero ¿acaso no puedes encontrar una foto de Cristo? Aquí hay una foto hablada de él: «Dichoso el hombre que no sigue el consejo de los malvados, ni se detiene en la senda de los pecadores, ni cultiva la amistad de los blasfemos, sino que en la ley del Señor se deleita, y día y noche medita en ella. Es como el árbol plantado a la orilla de un río que, cuando llega su tiempo, da fruto y sus hojas jamás se marchitan. ¡Todo cuanto hace prospera!» (Salmo 1:1–3 NVI). Su vida disipa el humo, ¡y es porque tampoco hay fuego!

7

Y ¿quién más está mintiendo?

> «Se quedó a cierta distancia, y ni siquiera se atrevía a levantar los ojos al cielo, sino que se golpeaba el pecho y decía: ¡Oh Dios, ten compasión de mí, que soy pecador! Les digo que éste descendió a su casa justificado, pero aquél no; porque todo el que se engrandece será humillado, pero el que se humilla será engrandecido» (Lucas 18:11-14 LBLA).

—Señor juez, ella está echando mentiras. El accidente no pasó como ella dice. Fue ella quien me cortó la vía y causó el choque. —No es así, su señoría. Ella miente. Yo estaba estacionada cuando ella pasó a mucha velocidad, perdió el control en la curva y chocó contra mi coche estacionado. —Esas son más mentiras, su Señoría, porque después del choque, el coche de ella se detuvo en la mitad de la calle, lo que quiere decir que no estaba estacionada, sino que salió a la vía sin mirar, el sol la encandiló, me cortó el paso, y chocó contra mi coche. —Su Señoría, es que ella también está echando mentiras, porque dice que el sol me encandiló. ¿Cómo me pudo encandilar, si estaba a mi espalda? —Un momento —rugió el juez, dirigiéndose a la que acababa de hablar—. Señora, dígame, y si ella también está echando mentiras, y ustedes dos son las únicas hablando, entonces ¿quién más está echando mentiras? Sus propias palabras la han delatado. ¡Usted es la otra que también está echando mentiras! Pague los ocho mil dólares en daños, y ¡agradezca que yo mismo no la acuso de dar falso testimonio!

Aquel que no puede mentir dijo: «Porque por tus palabras serás justificado, y por tus palabras serás condenado» (Mateo 12:37 RV60). Para muestra, el botón de las dos señoras. Pero, en cierta ocasión, Jesucristo estaba en el templo cuando entraron dos hombres. Uno, un fariseo vanidoso, oraba consigo mismo diciendo: «Dios, te doy gracias porque no soy como los otros hombres, ladrones, injustos, adúlteros, ni aun como este publicano; ayuno dos veces a la semana, doy diezmos de todo lo que gano». Estaba echando mentiras, pues sí era como los otros hombres: era presumido y jactancioso, hundiendo al publicano en el fango para no mojarse los pies de barro. Pero, del cobrador de impuestos, que vivía de la mentira (cobrando más de la cuenta), se dice así: «Se quedó a cierta distancia, y ni siquiera se atrevía a levantar los ojos al cielo, sino que se golpeaba el pecho y decía: "¡Oh Dios, ten compasión de mí, que soy pecador!"» (Lucas 18:11–13 DHH). Jesús concluyó la historia diciendo: «Les digo que éste descendió a su casa justificado, pero aquél no; porque todo el que se engrandece será humillado, pero el que se humilla será engrandecido» (Lucas 18:14 DHH).

En otro lugar la Escritura nos advierte que no hagamos de Dios un mentiroso, es decir, dando un falso testimonio de él (1 Juan 1:10). Hacemos de Dios un mentiroso cuando decimos que nos perdona por las penitencias que purgamos, por todo el dolor que nos causamos, por las cosas buenas que hacemos, o por las cosas malas que dejamos de hacer. Bien lo dijo el Señor: «Pero sea vuestro hablar: Sí, sí; no, no; porque lo que es más de esto, de mal procede» (Mateo 5:37 RV60). Decir «Sí, sí» es señalar a la cruz y exclamar: «¡Sí! ¡Ahí está el Cordero de Dios tomando mi lugar para quitar mi pecado!». Decir «No, no» es decir: «No, su sacrificio no fue suficiente, necesita de mis esfuerzos religiosos para transformar mi vida, necesita que yo le demuestre cuánto lo amo, que sufra, que haga lo mejor que pueda». Es entonces que hacemos de Dios un mentiroso, pues en la cruz él exclamó: «¡Consumado es!»; «He hecho todo lo que necesitas para ser justificado ante Dios. Ya no tienes que mentir». Entonces, él abre las ventanas del cielo y nos envuelve con un diluvio de fe que nos empapa mientras adoramos diciendo: «Sí, sí, hágase tu voluntad».

8

El cabello no miente

> «Y estando detrás de él a sus pies, llorando, comenzó a regar con lágrimas sus pies, y los enjugaba con sus cabellos; y besaba sus pies, y los ungía con el perfume. [...] Y a ella le dijo: Tus pecados te son perdonados» (Lucas 7:38 RVC; Lucas 7:48 RV60).

En cierta ocasión, una madre se presentó pidiendo la custodia exclusiva de sus hijos. Anteriormente, el juez había otorgado esa custodia al padre. Ahora ella alegaba que el padre ejercía crueldad mental contra los niños, y por ello, reclamaba la custodia exclusiva. A petición del padre, la agencia de protección de menores había investigado el caso. La madre vivía en un garaje convertido en apartamento, sucio e infestado de cucarachas. El informe decía que el lugar representaba un peligro para los niños. Meses antes, la madre había sido condenada por consumo de cocaína, y todavía estaba en libertad condicional. Por tanto, los investigadores tenían permiso para registrar el lugar, y se habían llevado varios cabellos de la madre para realizar pruebas de toxicidad de drogas. Los cabellos son sometidos a ciertos químicos, y la prueba detecta la presencia o ausencia de estupefacientes en los últimos tres meses. También habían investigado al padre, con cabellos y todo. Los niños habían dicho que estaban felices con el padre, pero no con las visitas a la madre. Aun así, el juez no estaba convencido; quería que la madre tuviera al menos una custodia parcial. Hasta que la secretaria le señaló que había una prueba de drogas en el expediente. El ceño del juez se frunció. —Señora, ¿sabía usted que tiene una prueba sucia de drogas? —¡Imposible, señor juez, llevo casi un año sin consumir drogas, y hace meses que no me hacen una prueba! —Bueno, eso es cierto. A usted no se le ha practicado una prueba de sangre, pero le hicimos una prueba a sus cabellos, y aquí esta la evidencia. El cabello no miente. Se deniega su petición de custodia exclusiva de sus hijos. Además, la fiscalía le imputará un nuevo cargo, por uso de estupefacientes durante su libertad condicional. ¡He dicho!

La Escritura enseña que nuestros «cabellos están todos contados» (Mateo 10:30 RV60). Pero ¿qué pasaría si se pudiera hacer una prueba de cabello en la que salieran todos nuestros pensamientos de ira, venganza, lujuria, y otros vicios de los últimos tres meses? Si cada cabello fuera como un microchip capaz de registrar todas nuestras intenciones, dudas, sospechas, rencores, lujurias, envidias, y estas se descargaran en un computador... ¿De qué tamaño sería el archivo? ¿Qué tal si se pudiera imprimir? ¿Cuántas páginas serían? ¿Querrías compartirlas en Facebook? ¿Cómo saldría la prueba, limpia o sucia? El tribunal divino solo quiere ver pruebas limpias en su archivo. Pero ¿qué tal si se hubiera hecho una prueba de cabello a Jesús el Cristo? ¿Cómo habría salido? Sería toda una historia del amor más puro y desinteresado, ¡desde la cuna hasta el Calvario! Lleno de sus misericordias para con nosotros aun cuando dudamos de él, lo culpamos de todo lo malo que nos pasa, o usamos su nombre en vano y blasfemamos con nuestra conducta traicionera. Sin embargo, Jesús sí superó la prueba del cabello. Su amor y gracia para con nosotros son tan grandes que, cuando llegamos al tribunal, él presenta su prueba limpia en nuestro favor. Dice: «mi pureza es tu pureza, mi amor es tu amor», y el Juez eterno jamás se fija en los resultados nuestros. Solo se fija en los de su Hijo, y queda totalmente satisfecho. Pero ¿qué pasa con nuestra prueba sucia? ¡Desaparece, y para siempre! «Él volverá a tener misericordia de nosotros; sepultará nuestras iniquidades, y echará en lo profundo del mar todos nuestros pecados» (Miqueas 7:19 RV60). Por eso María lavó los pies de Jesús con un perfume de gran precio y los enjugó con sus cabellos. «Y a ella Jesús le dijo: Tus pecados te son perdonados» (Lucas 7:38, 48 RV60). Ese era cabello perdonado. Y ¡el cabello no miente!

9

Me maldijo con el crucifijo

> En Cristo, Dios «despojó de su poder a los seres espirituales que tienen potencia y autoridad, y por medio de Cristo los humilló públicamente llevándolos como prisioneros en su desfile victorioso» (Colosenses 2:15 DHH).

—Y ¿en qué momento se despertó? —preguntó el fiscal. —Bueno —respondió la señora que testificaba—, me desperté cuando me dio el primer golpe con el crucifijo. Ese golpe me abrió el labio. —Y ¿dónde estaba ella? —Pues ella se me tiró encima al mismo tiempo que me dio el golpe. Y de allí no dejó de golpearme con el crucifijo. Yo me tapé la cara y me di la vuelta como para caer de la cama. Pero fue entonces que me abrió la cabeza también con el crucifijo. —¿La acusada le decía algo mientras la golpeaba? —Me maldecía muy feo. Que con ese crucifijo yo había embrujado a su marido y se lo había quitado, y que, con ese mismo crucifijo, me devolvía mil maldiciones más. Que con esa maldición me iban a comer los gusanos en el infierno. —Y ¿qué pasó después? ¿En qué momento dejó de golpearla? —Pues yo me salí de la cama como pude, y salí arrastrándome por la puerta de entrada mientras ella me pateaba y me golpeaba. Yo solo podía gritar, y cuando salí, los vecinos estaban ahí y me ayudaron. Ella salió corriendo, pero los vecinos no la dejaron ir. Por último, me arrojó el crucifijo. —Señora —preguntó el fiscal—, ¿usted cree en maldiciones? —No, señor; yo no creo en esas cosas. El mal lo llevamos dentro. Pero, en manos de esa señora, ese crucifijo es una maldición porque es un arma; por poco me mata.

En la época de Cristo, colgar de una cruz era señal de que habías sido maldito por Dios. En otras palabras, el crucificado había sido abandonado por Dios para siempre. Se fundamentaba en las Escrituras: «... porque maldito por Dios es el colgado» (Deuteronomio 21:23 RV60). Legalmente, esa fue la única razón por la cual Dios permitió la muerte de su Hijo en la cruz. La ley decía que cualquiera que colgara de un madero era maldito y condenado por Dios. Los romanos lo sentenciaron a la cruz, y Jesús no se negó a la pena. Fue colgado de un madero. Y cuando la ley lo encontró, lo maldijo como cualquier delincuente colgado de un madero.

Sin embargo, Jesús no sufrió la muerte solo para cumplir la demanda de la ley. Ese no fue su propósito cuando se entregó a los verdugos que lo clavaron al madero. Fue a la cruz para llevar en su cuerpo la maldición que tú y yo, junto con toda la raza, merecíamos. Fue maldecido por la ley en nuestro lugar, con la maldición que nosotros merecemos. «Ciertamente llevó él nuestras enfermedades, y sufrió nuestros dolores [...]. Mas él herido fue por nuestras rebeliones, molido por nuestros pecados; el castigo de nuestra paz fue sobre él, y por su llaga fuimos nosotros curados» (Isaías 53:4–5 RV60).

La cruz sirvió de pararrayos para absorber cada maldición contra nosotros; por eso ya no estamos bajo maldición; no hay maldición alguna que nos pueda alcanzar. Cada maldición dirigida contra nosotros se desvía hacia el pasado y cae sobre su cuerpo puro y santo. Al que cree, no hay acción espiritual, humana o diabólica, que lo pueda perjudicar. La cruz es el lugar donde el poder de Dios despoja a toda maldición de su poder satánico. Fue allí donde Dios despojó «a los principados y a las potestades, los exhibió públicamente, triunfando sobre ellos en la cruz» (Colosenses 2:15 RV60). Por eso es que el mismo lugar donde Jesús sufrió nuestra maldición es también el lugar donde se derramó nuestra mayor bendición. «Cristo nos redimió de la maldición de la ley, hecho por nosotros maldición (porque está escrito: Maldito todo el que es colgado en un madero)» (Gálatas 3:13 RV60). La maldición de la ley que cayó sobre nosotros fue desviada a sus llagas, a sus heridas, y es por eso que, de ellas, recibimos la bendición de la completa sanidad (Isaías 53:5). Por tanto, «ustedes están completos en él, quien es la cabeza de todo principado y autoridad» (Colosenses 2:10 RVA2015). No hay mayor bendición que esa. Ante esta bendición, no hay maldición alguna que nos pueda alcanzar.

10

¿Embarazada y consumiendo drogas?

«Yo les doy vida eterna, y nunca perecerán, ni nadie podrá arrebatármelas de la mano. Mi Padre, que me las ha dado, es más grande que todos; y de la mano del Padre nadie las puede arrebatar» (Juan 10:28–30 NVI).

Pareciera cruel. Tan pronto como la niña nació, le tomaron una prueba de sangre. Salió positiva en cocaína y metanfetaminas. Tenía todos los síntomas de drogadicción infantil. El nombre médico es «síndrome de abstinencia neonatal». Se produce cuando una mujer embarazada consume narcóticos como la heroína, la codeína, la oxicodona, la metadona, y otros. Estas drogas atraviesan la placenta y luego se transmiten al feto por el cordón umbilical. El bebé también se vuelve adicto. Al nacer, ya depende de la droga. Sin embargo, como no la recibe después de su nacimiento, puede presentar síntomas de abstinencia. Puede exhibir llanto excesivo o chillón, irritabilidad, convulsiones, sudoración, vómitos, y puede incluso morir. En este caso, la agencia de protección de menores ya lo había sospechado. Tenían todo listo. Tan pronto como tuvieron el resultado de la prueba, la bebé fue inmediatamente quitada del pecho de su madre. Ahora, semanas más tarde, la madre luchaba ante el juez para que le devolvieran su bebé. «Es que yo no sabía que estaba embarazada cuando consumí las drogas», fue su pretexto. «¡Imposible!», respondió el juez. «¡Con su primera hija sucedió lo mismo! Si quiere, se lo recuerdo enseñándole las fotos de sus malformaciones al nacer. ¡Lo que no tengo es la foto del cementerio donde quedó enterrada! Usted y el papá están acusados de suministrar drogas ilícitas a una menor, ¡y de atentar contra la vida de una menor de edad!».

¿Qué tal si al nacer nos hubieran tomado una prueba de nuestra naturaleza pecaminosa, y allí se hubiera visto todo lo que tenemos dentro? ¿... todo lo que nuestros padres, desde Adán, nos traspasaron por medio de nuestro ADN espiritual? ¿Qué tal si se imprimieran los resultados? ¿Cuál sería el listado? Avaricia: _____ %. Egoísmo: _____ %. Lujuria: _____ %. Enojo: _____ %. Nacemos adictos al pecado. Basta con mirar cómo se va desarrollando un niño y nos damos cuenta de que todos esos males ya vienen con nuestro «producto». Nos duele porque sabemos que el niño es nuestro y todo lo que vemos es innegable. Sin embargo, Dios, en lugar de dejar que se nos arrebatara de su pecho, nos colocó en el pecho de su Hijo amado. Él fue enviado por Dios para presentar una prueba de sangre limpia a nuestro nombre. Es decir, el de todos los que hemos nacido con «síndrome de adicción al pecado». Luego, por su soberano amor, Dios declara que todo el que cree es perdonado en aquel cuerpo santo y puro que reposa sobre el pecho de María. Por amor a Cristo, Dios no se fija en nuestra prueba de sangre, sino en la de su Hijo, y luego pone esta en nuestra cuenta. Nuestro Padre celestial es el Juez del Tribunal de Pecadores. Pero él no nos deja encargados a ningún hogar de acogida a la espera de que nos enmendemos. Nos toma en su propio cuerpo, y nos sana mediante las llagas que sufrió por nosotros. «Yo les doy vida eterna, y nunca perecerán, ni nadie podrá arrebatármelas de la mano. Mi Padre, que me las ha dado, es más grande que todos; y de la mano del Padre nadie las puede arrebatar» (Juan 10:28–30 NVI). Mira, ahí está tu mano, frágil y pequeña, en las poderosas manos de tu Padre. «Levántate, tu fe te ha sanado».

11

Y ¿Por qué no llegan a un «miti-miti»?

> «El nos salvó, no por obras de justicia que nosotros hubiéramos hecho, sino conforme a su misericordia» (Tito 3:5 RV60).

—Es que este señor me vendió un coche que marchó por apenas diez minutos. Después se apagó y no volvió a funcionar. Todo quedó descompuesto: la bomba de agua, la batería, y no sé qué otras cosas más. ¡Es como si le hubiera tirado 1200 dólares por puro gusto! —Estábamos en la oficina del avenidor. Él trataba de lograr que las dos partes llegaran a un acuerdo. Ahora se dirigió al presunto vendedor. —Y usted, ¿qué tiene que decir ante lo que señala la señora? —Bueno, es que yo ni conozco a esta señora, es la primera vez que la veo en toda mi vida. ¿Cómo es posible que le vendiera un coche, si jamás la he visto? Yo no le vendí ningún coche. —¿Es cierto, señora? —preguntó el avenidor—. ¿Ha visto usted alguna vez a este señor? —Pues nunca lo he visto, pero fue Lucho quien me vendió el coche. —Señor, ¿usted conoce a Lucho? —Sí, Lucho es un asociado que trabaja ahí conmigo. Los coches que él vende son suyos, no míos. —Pero este coche tiene el nombre de usted en el recibo de la compraventa. —Es porque yo soy el dueño del negocio. Pero no soy el dueño de todos los coches que vendo. —¿Ya ve? —interrumpió la señora—. Todo lo que tienen ahí es una estafa. Es así como se aprovechan de la gente. Se inventan esos cuentos, y venden coches inútiles. —Bien, señor, ¿qué le ofrece usted a la señora para resolver el caso en vez de presentarse ante el juez? —Pues unos 600 dólares, con un adelanto de 300 hoy mismo. —¡No! Yo no puedo aceptar esa miseria. Que me devuelva los 1200 —replicó la señora. El avenidor preguntó: —Y ¿acaso no pueden llegar a un acuerdo «miti-miti»?

Ante el tribunal divino no podemos llegar a un acuerdo «miti-miti» con Dios. Es imposible que, por la obra de Cristo, Dios pague la mitad de mi deuda, y yo, con mis esfuerzos, buenas obras, obediencia, y buen carácter, pague la otra mitad. Con la justicia de Dios no podemos encontrarnos en la mitad. La Escritura nos asegura que «todas nuestras justicias son como trapos de inmundicia» (Isaías 64:6 RV60). Por lo tanto, no valen nada, y Dios las rechaza y aborrece. De hecho, son una ofensa a su perfecta justicia. ¿Cómo vamos a pagarle nuestra deuda a Dios con trapos de inmundicia? A Dios le debemos no solo la vida, sino también la deuda de todas nuestras hipocresías, nuestra falta de sinceridad en el amor, nuestros fingimientos, nuestro odio al prójimo, y nuestro desprecio de la gracia y la misericordia de Dios. Puesto que todas nuestras obras, aun las mejores, provienen de un ser pecaminoso, no sirven ni para pagar un centavo. De hecho, aumentan nuestra deuda. Ni aun las buenas intenciones valen. Ni nuestros pensamientos más puros y castos. Por otro lado, una vida de pecado, y un historial de quebrantar su ley de amor al prójimo y a uno mismo, suman igualmente cero. Tal como una vida desenfrenada, que busca el placer con el pretexto de que simplemente está siendo honesta consigo misma.

Pero hay uno que sí pagó todo; pagó cada deuda moral que hemos acumulado. Con su muerte, pagó por nuestra muerte, para que vivamos en él y por él para siempre. La deuda ha sido cancelada. La vida del amor más entregado y sacrificado, con el más puro afecto requerido de nosotros, fue vivida en beneficio nuestro. Y Jesús lo hizo aun por el pecador que menos lo merece.

«Él nos salvó, no por obras de justicia que nosotros hubiéramos hecho, sino conforme a su misericordia» (Tito 3:5 RV60). «Él perdona todos tus pecados y sana todas tus dolencias [...] No nos trata conforme a nuestros pecados ni nos paga según nuestras maldades» (Salmo 103:3, 10 NVI). ¿Qué lugar hay, entonces, para tu «miti-miti»?

12

¿Eres mosca muerta?

> El Hijo, «habiendo efectuado la purificación de nuestros pecados por medio de sí mismo, se sentó a la diestra de la Majestad en las alturas» (Hebreos 1:1–4 RV60).

Dos mujeres llegaron ante el juez solicitando medidas de protección, la una contra la otra. La situación era complicada. Una de ellas era la novia del exnovio de la otra. Pero antes que el novio se fuera con la otra, le había dejado una bebé. Ahora, la niña estaba en el jardín de infantes, y los padres compartían la custodia. La nueva novia del muchacho se oponía a que él le hiciera favores a la otra. La otra no quería que, cuando la niña visitara a su papá, la nueva novia estuviera presente. «La maltrata, señor juez. Se burla de ella. Le dice que no es tan bonita como sus propias hijas». Las dos jóvenes contaban una historia de odios e intrigas la una contra la otra. En eso, la nueva novia del papá presentó un escrito como prueba. Era una página de las redes sociales. La nueva novia alegaba que contenía una amenaza de muerte proveniente de la otra. El texto estaba en español: «Eres una mosca muerta», pero incluía una traducción para el juez. La traducción al inglés parecía contundente: «You are a dead fly». La exnovia alegaba que «Eres una mosca muerta» solo significaba que la otra tenía dos caras: una para la gente de afuera, y otra para maltratar a su niña. Aunque el inglés tiene una frase parecida, «You are a fly on the wall», el juez no aceptó esa traducción. Él sabía suficiente español para entenderlo literalmente, pero no como una metáfora. Así que dictó la medida de protección en favor de la mujer que trajo la presunta prueba, pensando que la otra la había amenazado de muerte. Todo era complicado: la relación del hombre con cada mujer, la relación de la niña con sus padres, en medio de esa lucha, y para colmo, la barrera del idioma.

Dios ha des-complicado la situación humana con un solo nombre: Jesucristo. Su amor es constante y fiel. No nos ama solamente un día, y al día siguiente nos aborrece y busca a otros. «Grande es tu fidelidad», afirma la Escritura (Lamentaciones 3:23 RV60). «Dios de fidelidad y sin injusticia, justo y recto es Él» (Deuteronomio 32:4 NVI). La fidelidad de su amor no es solo de labios. Jesucristo subió a una cruz, y allí se hizo culpable de todos nuestros pecados para ser fiel a su promesa: redimirnos para que estemos con él por la eternidad. «En ningún otro hay salvación; porque no hay otro nombre bajo el cielo, dado a los hombres, en que podamos ser salvos» (Hechos 4:12 RV60). Esta palabra de Dios no necesita interpretación alguna, pues ya fue interpretada en la cruz por el gran intérprete divino. Allí, Jesucristo derribó todas las barreras del idioma. La Escritura dice: «Dios [...] en estos días finales nos ha hablado por medio de su Hijo» (Hebreos 1:1–2 NVI). Y ¿qué dice esa palabra clara, que no se presta para dobles sentidos? En todos los idiomas humanos, habidos y por haber, dice claramente: «Tus pecados, aunque fueron muchos, te son perdonados» (Lucas 7:48 LBLA). Su idioma es el idioma universal del perdón, y él entiende incluso los gemidos indecibles con que nuestro corazón busca la gracia inmerecida. Nos concede el perdón antes de que suspiremos por la gracia de Dios. No hay confusión alguna. Él interpreta aun nuestros suspiros. Nos concede el perdón antes de que las palabras de arrepentimiento se formen en nuestros labios. ¿A cambio de qué? De un átomo de fe, que ¡él mismo te da! «Palabra fiel es esta, y digna de ser recibida por todos» (1 Timoteo 4:9 RV60).

13

No es rehabilitación, es esclavitud

> «Mas vosotros sois linaje escogido, real sacerdocio, nación santa, pueblo adquirido por Dios, para que anunciéis las virtudes de aquel que os llamó de las tinieblas a su luz admirable» (1 Pedro 2:9 RV60).

El joven estaba respondiendo ante el tribunal por una supuesta violación de su libertad condicional. La policía lo arrestó en la casa de su novia, y hoy comparecía ante el juez. Hacía un año, en un puesto de control, un perro policía le había encontrado cuatro kilos y medio de metanfetaminas en el coche. El juez le había dado una oportunidad. En vez de encarcelarlo, lo había enviado por un año a un programa de rehabilitación de drogas de índole religioso. Si por alguna razón incumplía, se le impondrían dos años de cárcel. Ahora había llegado el momento de rendir el informe ante el juez. Yo interpretaba al abogado las palabras del joven. —Mire, licenciado, ese no es un programa de rehabilitación. Es una estafa. En vez de hacernos clases, siempre nos llevan de ciudad en ciudad pidiendo limosnas. Yo me cansé y me pareció injusto. Yo fui para recuperarme de las drogas, no para que me usaran como limosnero. Ni siquiera podía ver a mi novia. —Bueno —respondió el abogado—, recuerde que la vez pasada usted aceptó que, si no cumplía con el programa, tendría que purgar dos años de cárcel. —¡No! Dígale al juez que me dé un programa diferente, uno que de veras me ayude. —Minutos más tarde, el abogado regresó. —El juez le ofrece lo siguiente: dos años de cárcel. Si se porta bien, cumplirá uno solo. La alternativa sería seis meses de cárcel, y un año en el mismo programa de antes. ¿Qué prefiere? —El joven lo pensó unos instantes. —Dígale al juez que los seis meses y el programa de antes. —¿Qué? —respondió el abogado—. ¿Acaso no dijo que era como una esclavitud? —Bueno —respondió el joven—, es que allí hablan bien bonito de un tal Cristo Jesús.

Más tarde, le pregunté: —Y ¿qué dicen ahí de Jesús, que prefieres volver a lo que dijiste que era una esclavitud? —No, es que me puse de rebelde. Pero no olvido lo que decían de Cristo. —¿Cómo qué? —le pregunté. —Al principio no lo creía. Que él se había puesto en mi lugar en la cruz. Que había llevado mis pecados. Que se dejó castigar por mí. Todo eso iba ganándose mi corazón, pero al mismo tiempo, me puse de rebelde. —¿Rebelde? —pregunté. —Sí, pensé que me echaban mentiras, diciéndome que un ser tan bueno e inocente pudiera amarme tanto así. Yo ni sé qué es el amor; me he sentido odiado toda mi vida. —Ahora tenía toda mi atención, pero seguí haciéndome el desentendido. Pregunté: —Y ¿de dónde sacan todo eso? —Ah, nada más de un libro que llaman la Palabra. Siempre están leyendo y hablando de la Palabra. Y al fin, allí todos somos como familia. Nos cuidamos entre nosotros, a pesar de que algunos como yo nos portamos mal, y hacemos quedar mal al programa. Y cuando vamos a otras ciudades, francamente no es solo para pedir donaciones. Vamos y sacamos a otros muchachos de la calle, y les decimos lo mismo de Cristo; los llevamos al programa.

Y eso fue todo. Estaba escuchando el evangelio de boca de un hermano en Cristo recién nacido. Además, estaba describiendo la iglesia mejor que muchos teólogos: es la familia de los rescatados por gracia. El evangelio anuncia que Cristo tomó nuestro lugar en su vida y en su muerte. Luego, nosotros volvemos a relatar la misma historia. Eso es lo que conquista el corazón de rebeldes e incrédulos. Pero debe ser contada una y otra vez. Tal como una gota de agua rompe la roca de granito a lo largo de los siglos, así también el evangelio, relatado vez tras vez, quebranta los corazones de los más rebeldes, y de aquellos que sienten que nunca han sido amados por nadie, ni siquiera por ellos mismos.

Sí, nos rebelamos cuando escuchamos el evangelio. Incluso nos entregamos a la ira contra cada uno de sus principios, pero aun así, sigue conquistando nuestro corazón. La verdad de Jesús, cuya vida toma el lugar de la nuestra ante Dios, es para nosotros, a pesar de nuestra rebeldía y oposición. «Ustedes, en otro tiempo, estaban muertos espiritualmente a causa de sus pecados y por no haberse despojado de su naturaleza pecadora; pero ahora Dios les ha dado vida juntamente con Cristo, en quien nos ha perdonado todos los pecados» (Colosenses 2:13 TLA). «En tiempos pasados, ustedes desobedecieron a Dios... pero ahora Dios tiene compasión de ustedes» (Romanos 11:30 DHH). Y este es el resultado de lo que Dios hace con los rebeldes: «Pero ustedes son linaje escogido, real sacerdocio, nación santa, pueblo adquirido por Dios, para que anuncien los hechos maravillosos de aquel que los llamó de las tinieblas a su luz admirable» (1 Pedro 2:9 RVC).

14

Felicitaciones, señor, ¡usted está embarazado!

> «El labio de verdad permanecerá para siempre: Mas la lengua de mentira, por un momento [...] Los labios mentirosos son abominación a Jehová»; mas «Él no cometió pecado ni se halló engaño en su boca» (Proverbios 12:19–22 TLA; 1 Pedro 2:22 RVR1995).

La madre insistía con lágrimas ante el juez. —No le dé visitas a mi exmarido. Él sigue consumiendo drogas. Por eso nos separamos. Absorbía ese polvo, por la nariz, con las niñas mirando. Se ponía todo loco, las asustaba. Si usted deja que las niñas se vayan con él, seguirá en lo mismo. —Bueno —dijo el juez—. Aquí tengo el informe del programa. Dice que él no ha faltado a las clases, participa, y ayuda a otros. Tengo que tomar en cuenta las pruebas que él presenta a su favor. —No, su Señoría, él sabe disimular muy bien. —Bien —dijo el juez dirigiéndose al papá, que escuchaba respetuosamente—. Si lo mando ahora mismo a practicarse una prueba de drogas, ¿cómo saldría? —Perfectamente bien; yo no estoy consumiendo. Estoy totalmente limpio. —Muy bien. Vaya al laboratorio y practíquese una prueba de orina. Ellos envían los resultados de inmediato. Regresen en tres horas. —El joven salió de la sala con su novia, tomados de la mano. La madre de las niñas también se retiró. Tres horas después, estaban ante el juez. Este dijo: —Ahora abriré el sobre enviado por el laboratorio, con los resultados de su prueba de orina. —Tras mirar el documento, una sonrisa pícara cruzó por el rostro del juez mientras se dirigía al joven: —Felicitaciones, señor, ¡usted está embarazado! —En medio del público se oyó un grito ahogado mezclado con sorpresa: era la novia del joven. Saltó de su asiento y, en segundos, abandonó la sala conteniendo el llanto. —Mire, joven —le dijo el juez—. La misma trampa lo delató. Usted fue al laboratorio con su novia. En vez de dar su propia muestra, fue ella quien la dio, y usted la hizo pasar como suya. Y ¿se dio cuenta? ¡Su novia ni sabía que estaba embarazada! Estas pruebas detectan no solo drogas, sino también embarazos. Su petición de visitar a las niñas queda denegada, y extiendo su libertad condicional por dos años más.

Apariencias, apariencias. Todos brindamos un magnífico espectáculo de honradez mientras seguimos atascados en nuestras mentiritas. A veces, incluso mentimos para encubrir nuestras mentiras, hasta que ya no sabemos qué es mentira y qué es verdad. Aun así, lo queremos todo, sin importar el daño que nuestro engaño pueda causar a otros y a nosotros mismos. El capítulo 12 de Proverbios contiene varios mensajes que nos gustaría enviar al protagonista de nuestra historia, aunque a nosotros también «nos pisa los callos». Aquí hay algunos de esos mensajes, pero uno sobresale por su significado. Si lo distingues, no es un error.

2 El Señor aprueba a los que son buenos,
pero condena a quienes traman el mal.
8 La persona sensata gana admiración,
pero la persona con la mente retorcida recibe desprecio.
13 Los perversos quedan atrapados por sus propias palabras,
pero los justos escapan de semejante enredo.
17 El que respira la verdad proclama la justicia,
pero el testigo falso propaga el engaño.
19 Las palabras veraces soportan la prueba del tiempo,
pero las mentiras pronto se descubren.

22 Al Señor le repugnan los labios mentirosos;
pero le agradan los que dicen la verdad[1].

¿Lo viste? Es el versículo 17: «El que respira la verdad declara con justicia, el testigo falso con mentiras».

Las versiones traducen la palabra hebrea del original como «habla, dice, declara». Pero ¿«respira»? Sí, esta es la traducción más precisa del original. Enseña que la verdad se puede respirar: se inspira y espira verdad. La verdad es una esencia espiritual que, tal como el oxígeno lleva vida a la sangre, lleva un oxígeno espiritual que nos llena de vida. Y lo opuesto también es cierto. Si respiramos mentiras y engaño, oxigenamos nuestro sistema espiritual con falsedad. Por supuesto, nos gustaría pensar que nosotros somos espirituales, y por tanto, somos de aquellos que respiran verdad. Pero «Nada hay tan engañoso como el corazón. No tiene remedio. ¿Quién puede comprenderlo?» (Jeremías 17:9 NVI). Si no tiene remedio, es porque está enfermo. Y un enfermo sin remedio está débil; no tiene fuerzas ni para decir la verdad. Por un instante, respiramos el oxígeno puro de la verdad, pero al siguiente, nos arrancamos esa máscara de oxígeno, desesperados por respirar engaños y mentiras.

Todos estos textos de Proverbios 12 nos dicen que es cierto que, de vez en cuando, respiramos algunas bocanadas de verdad. Pero el hecho es que vivimos en un ambiente donde el oxígeno de la verdad escasea, y por eso, vivimos vidas tóxicas. Podemos ir de un lado a otro con estos textos, reprochándonos por lo que deberíamos ser o por lo que aún no somos. La verdad es que Proverbios 12 es toda una exposición del noveno mandamiento de la ley: «No darás falso testimonio» (Éxodo 20:16 RV60). Como un bisturí, estos proverbios cortan y penetran hasta la verdad de nuestro falso corazón. Pero ¿entonces qué? ¿Solo nos queda una sensación de vergüenza, de insatisfacción con nosotros mismos, y una persistente autocondena por ser incapaces de mejorar?

Jesús dijo que «la ley de Moisés, los profetas, y los salmos» testifican de él, particularmente de su sacrificio (Lucas 24:44 RV60).

---

1. Proverbios 12:2 NTV, 12:8 NTV, 12:13 NTV, 12:17 BNP, 12:19 NTV, 12:22 RVC.

En la Biblia hebrea, los Proverbios pertenecen a la sección de los Salmos. Por eso podemos concluir que los textos de Proverbios 12 sobre el engaño y la verdad tienen el propósito de llevarnos de nosotros mismos (donde mora el engaño) a él, que es la verdad.

Cuando Jesús dijo: «Yo soy el camino, y la verdad, y la vida», estaba declarando precisamente que él es el único que respira la verdad, y nada más que la verdad. La verdad es la esencia, el oxígeno de su ser; es lo que él respiró desde su primera inspiración en el pesebre de Belén, hasta su última espiración en la cruz, cuando entregó su aliento de vida a la humanidad. Esa es la razón por la cual la tumba no pudo retenerlo: porque la verdad es el aliento de vida, y la verdad no puede morir.

Esa verdad que proclamó a cada paso de su vida, desde su nacimiento hasta su ascensión, fue nada más que esta: «Gracias a mi vida perfecta, que reemplaza la tuya, y a mi muerte en tu lugar, tus pecados han sido perdonados para siempre». Esa es la verdad. Inspírala, espírala. Es oxígeno puro para vida eterna.

15

¿Quemando carrizo y, al mismo tiempo, cumpliendo?

> «El hombre mira lo que está delante de sus ojos, pero Dios mira el corazón» (1 Samuel 16:7 RV60).

Hay algunos delitos que se pueden pagar con programas de rehabilitación. Uno de ellos es el programa PC 1000. Es para quienes han sido culpados de consumir estupefacientes por primera vez. Firman un expediente. Se declaran culpables. Prometen cumplir con todas las condiciones del programa. Pagan un recargo, asisten a una clase semanal por dieciséis semanas, se someten a pruebas de drogas al azar, y si al cabo de dieciocho meses no han tenido otro «encontrón» con la ley, el expediente se «sella» de modo tal que nadie lo puede ver. Es como si nunca hubieran cometido el delito. En una ocasión, un joven apuesto e inteligente se presentó para recibir el certificado de cumplimiento. Yo me acordaba de él. Había prometido que cumpliría al pie de la letra. Obviamente, lo había hecho. Después de que el juez lo felicitó y selló su expediente, yo también lo felicité. Afuera de la sala, me comentó casi como secreteando: «Mire, no es para tanto. Aprendí algunas cosas buenas; no lo niego. Pero odiaba ir a las clases; tenía que pagar todas las reuniones. Lo hice porque, de lo contrario, me habrían despedido del trabajo por consumir drogas. Además, uno aprende a «quemar carrizo» [fumar marihuana] sin que ellos se den cuenta. Pero al final, uno cumple, ¿verdad?», añadió guiñando el ojo y con una risita. «Ja, ja, así lo dice el certificado. Cumplí con todo».

Así es el cumplimiento de la ley. En este mundo —en las redes sociales, la iglesia, los amigos, los compañeros de trabajo— tal vez nos premien con un certificado de buena conducta. Pero ¿ante Dios? ¿Quién es el que ríe? «El Señor se reirá de él; porque ve que viene su día» (Salmo 37:13 RV60). Todo cumplimiento de la ley que busque ganarse el favor de Dios no es más que maldad, y Dios se ríe porque no tiene valor alguno. Porque «por las obras de la ley ningún ser humano será justificado delante de él; porque por medio de la ley es el conocimiento del pecado» (Romanos 3:20 RV60). Todos tus esfuerzos por guardar la ley para obtener un «certificado de salvación» servirán únicamente para que el tribunal divino te dé otro certificado. Léelo bien. Es el Certificado de Condenación. Este dice: «Eres pecador, todos tus esfuerzos por guardar la ley no te transformaron, y fracasaste en todo. Por lo tanto, estás condenado».

Entonces, ¿qué se puede hacer? ¿Intentar otra, y otra vez? ¿O quizás piensas que, haciendo obras de obediencia, podrás «quemar carrizo» delante de Dios y tu incumplimiento pasará desapercibido? ¿Piensas que, de alguna manera, vas a ser más listo que Dios en el juego de la salvación, o que saldrás del tribunal divino con un vale de «salvación eterna»?

¿Recuerdas al joven rico? Él vino a Jesús queriendo recibir su vale. Pensó que, como un Buen Maestro, Jesús tal vez le daría el visto bueno, o al menos buscaría su nombre en la base de datos del computador celestial. Quería que le confirmara que su nombre ya estaba entre los salvos.

Y cuando Jesús le preguntó por su participación en el programa, acertó en todas las respuestas. «Ya sabes los mandamientos: No cometas adulterio, no mates, no robes, no des falso testimonio, honra a tu padre y a tu madre» (Lucas 18:20 BLPH). Respondió de inmediato: «Todo esto lo he cumplido desde mi juventud». Pero el Juez añadió: «Una cosa te falta». Una cosa tan importante que, por faltarle, le impedía recibir su anhelado certificado de «heredero de la vida eterna».

A lo largo de los años, se ha hablado mucho de qué era esa «una cosa». De hecho, parece que era más de una. Eran cuatro: vende, reparte, ven, sígueme. «Aún te falta una cosa: vende todo lo que tienes, y dáselo a los pobres; así tendrás un tesoro en el cielo. Después de eso, ven y sígueme». Entonces, ¿le faltaban más obras? ¿Más obediencia? ¿Necesitaba añadir cuatro mandamientos más?

No. Esas cuatro cosas lo enviaban a despojarse de todo lo que había traído a Jesús. Si lo hubiera hecho, ¿con qué se habría quedado?

Con nada.

Solamente con Cristo. Habría regresado vacío, pero para que Cristo lo llenara con su plenitud. Habría regresado desnudo, pero para que Cristo lo vistiera con su manto de justicia. Habría sido cubierto con Cristo, el tesoro del cielo, su justicia, su obediencia, su amor. Tendría todo lo necesario, y mucho más de la cuenta. Tendría una riqueza mayor que la anterior, pero además repleta de la infinita y eterna herencia de Cristo. Cualquier otra cosa que traigamos es tan solo una cortina de humo. Con nuestras justicias solo estamos «quemando carrizo». Y cada vez que traigamos algo hecho por nosotros mismos, seremos enviados a despojarnos de ello hasta que regresemos solamente con Cristo. Única y exclusivamente solo Cristo. Él es nuestro único tesoro, en esta vida y en la venidera.

16

¿Cadena perpetua o pena de muerte?

> «Y él, cargando su cruz, salió al lugar llamado de la Calavera [...] y allí le crucificaron» (Juan 19:17–18 RV60). «Y Jesús decía: Padre, perdónalos, porque no saben lo que hacen» (Lucas 23:24 RV60).

La expectación en la sala casi se podía palpar. En momentos, un silencio sepulcral. En otros, risas nerviosas. Pero todos sabíamos por qué estábamos ahí. En pocos momentos entraría el jurado para dictar su sentencia sobre un caso de asesinato. Ya se había declarado culpable al acusado. Ahora venía la sentencia: cadena perpetua, o muerte. La ley no acepta otra, dada la gravedad del delito. Era un muchacho joven; el delito había ocurrido diez años atrás, cuando apenas tenía diecinueve años. El caso había demorado diez años en llegar a juicio. Venía de una buena familia, donde se valoraba una buena educación. Pero el joven había decidido unirse a una pandilla. Los capos de la pandilla, pues también traficaban drogas, lo habían enviado a cobrar una deuda junto con otro muchacho. El pandillero a quien debían cobrar «o pagaba, o pagaba»; la pandilla lo había sentenciado a muerte. El día señalado, acecharon a la víctima. Como estaba previsto, el mayor de los muchachos disparó primero, pero solamente lo hirió. El joven de nuestra historia lo remató disparándole a quemarropa. Diez años después, en esa sala, se esperaba el fallo. Su cómplice ya había sido sentenciado a cadena perpetua. Ahora, el asesino esperaba su turno. Con el rostro sombrío, entraron los doce miembros del jurado, ciudadanos escogidos al azar que habían examinado todas las evidencias durante varios días. El vocero entregó el veredicto al juez, quien a su vez lo entregó a la secretaria para su lectura. «El fallo de este jurado es: PENA DE MUERTE». «¡Malditos!», gritó el joven varias veces. «¡Todos ustedes están llenos de...!». Temblando, agachó la cabeza sobre la mesa tratando de ahogar otras maldiciones y gritos de rabia mientras golpeaba la mesa con sus manos. Los alguaciles tuvieron que escoltarlo esposado y con amarras fuera de la sala. Y aunque las puertas se cerraron, sus gritos todavía se escuchaban a lo lejos.

El escenario cambia a otro tribunal, dos mil años antes. Allí está el reo, luciendo una vergonzosa corona de espinas, también esperando el fallo. Sin titubeo alguno, se escucha el grito del jurado: «¡Es reo de muerte! ¡Crucifícalo! ¡Crucifícalo!». Pero este acusado no agacha el rostro en ira, sino en oración. Con una plegaria, confirma su misión: «Padre, perdónalos, porque no saben lo que hacen» (Lucas 23:24 RV60). Estaban condenando a muerte al único que podía darles vida, mientras que él, en su propio cuerpo, asumía toda esa ira, todo ese odio, incluyendo el tuyo y el mío, para otorgarnos el perdón que no merecemos. Él llevó, sobre la integridad de su ser, todos los pedazos de nuestra vida quebrantados por nuestros pecados. El inocente en el lugar de los culpables. El justo por el injusto. Toda nuestra ira, toda nuestra envidia, codicia y avaricia, la llevó sobre su cuerpo, en ese tribunal, y luego en el Calvario. Y después de su muerte, sepultura y resurrección, dejó todo el pecado de la humanidad ahí mismo, en esa tumba. Salió libre de nuestros pecados para anunciarnos que hoy, por la fe en él, ¡podemos vivir en esa libertad!

Pero nosotros insistimos en llevarlos todavía. Nuestra falta de fe lo demuestra. No creemos plenamente en lo que él hizo por nosotros. Con nuestra incredulidad lo maldecimos, culpamos y blasfemamos; a cada momento, cada vez que inspiramos y espiramos. ¿Quién, entonces, es culpable de muerte? Mirando a través del tiempo y del espacio, él pudo ver que no le creeríamos. Aun así, no echó el pie atrás, ni se despojó de la cruz. «Y él, cargando su cruz, salió al lugar llamado de la Calavera [...] y allí le crucificaron» (Juan 19:17–18 RV60). «Angustiado él, y afligido, no abrió su boca; como cordero fue llevado al matadero; y como oveja delante de sus trasquiladores, enmudeció, y no abrió su boca» (Isaías 53:7 RV60). Y cuando él entregó su espíritu, lo entregaste tú; y cuando resucitó, su primer respiro fue también el tuyo. Allí naciste de nuevo, para la eternidad. Su obra, muerte y resurrección fue en nuestro lugar, porque no había ninguna otra manera de llegar a la presencia de Dios y vivir en nuestra condición de pecadores.

¿A cambio de qué? ¿De la pureza de tu amor por él? ¿Del éxito de tu vida transformada? ¿De tus victorias sobre el pecado? ¿De los logros de tu santidad? ¿De tu progreso en la santificación? ¿De tu inocencia ante el prójimo y la sociedad?

¡A cambio de nada, porque todo lo nuestro está empapado de nuestros pecados! Él llevó todo en la cruz; aun lo del joven de nuestra historia: sus vulgaridades, su furia; cosas que también están latentes en nosotros. Jesús llevó al joven mismo en la cruz, junto con todos los que observábamos ese día: juez, juristas, secretarias, alguaciles, y quienes ahora leen este relato. Todos estábamos en su corazón mientras nos redimía. Y su obra alcanzó a toda la humanidad. No hubo aspecto alguno de nuestra vida que quedara sin redimir: «... por sus llagas fuimos nosotros sanados» (Isaías 53:5 RV60).

Por eso exclamó, por el dolor que nuestros pecados le causaron, y gozoso por su misión cumplida: «Consumado es» (Juan 19:30 RV60). Tu salvación ya es un hecho. Como también lo es tu nueva sentencia: «¡VIDA, Y VIDA ETERNA!» en Cristo Jesús Señor nuestro. Entonces, ¡sí! Gritemos bendiciones, derramemos bendiciones, bailemos de gozo, y en esa plenitud de júbilo seremos escoltados a la presencia de Dios, ¡y entraremos en el gozo de nuestro Señor para siempre, y nuestro cántico se escuchará por todo el universo, y por toda la eternidad!

17

En vez de castigo, una nueva oportunidad

> «Vengan ahora. Vamos a resolver este asunto —dice el Señor—. Aunque sus pecados sean como la escarlata, yo los haré tan blancos como la nieve. Aunque sean rojos como el carmesí, yo los haré tan blancos como la lana» (Isaías 1:18 NTV).

«Magaly Silva, a la sala del juzgado juvenil». El anuncio se repitió varias veces por el altavoz del tribunal. Finalmente, un señor corpulento entró a la sala. La camisa de manga corta dejaba ver sus brazos fornidos, formados por el trabajo pesado. —Obviamente, usted no es Magaly —declaró el juez, dejando ver su buen humor. Pero el hombre no estaba para bromas. —No, señor juez. Magaly tiene dieciséis años, y es delgada. —Caballero, ¿cuál es su parentesco con Magaly? —Es mi hija, señor juez. —Señor Silva, también es obvio que Magaly no está aquí. ¿Dónde está? —No lo sé, su Señoría. Antes de salir a trabajar, le dije que tenía una cita en el juzgado esta tarde. La he llamado muchas veces, pero no contesta su celular. Creo que tiene miedo. —¿Miedo? ¿De qué? —Las notas de ella están en el expediente. No va a la escuela, y no cumple con sus tareas. —Así es, y además se escapa de la escuela; es por eso que se puso esta demanda contra ella —añadió el juez. —Lo siento, su Señoría. Yo trato de ser buen padre con ella. —Es un problema común a esa edad, caballero.

Mi práctica es dar a los jóvenes la oportunidad de mejorar sus notas en la escuela, en vez de encerrarlos o multarlos. Dígale a Magaly que venga en dos semanas. Que, en vez de castigo, encontrará una nueva oportunidad. —¡Increíble! Dos semanas más tarde, Magaly se presentó. No había faltado un solo día a clases, ni a una sola clase. Había hecho todas sus tareas, y aprobado sus exámenes. ¡Nada cambia el comportamiento de un ser humano como la gracia inmerecida!

Nadie debe tener miedo de acercarse a Dios. En Dios encontrará más que una nueva oportunidad. En vez de condena, encontrará gracia. En vez de castigo, encontrará el perdón. La Escritura dice: «Vengan ahora. Vamos a resolver este asunto —dice el Señor—. Aunque sus pecados sean como la escarlata, yo los haré tan blancos como la nieve. Aunque sean rojos como el carmesí, yo los haré tan blancos como la lana» (Isaías 1:18 NTV). Todas nuestras malas obras —al igual que nuestras buenas obras— están escritas en el expediente, y no obstante, sean buenas o malas, todas nos acusan de irresponsables e imperfectos. En realidad, corruptos de corazón. Con razón tenemos miedo. Pero nadie tiene que subir a ninguna cruz para ser castigado. Ya hubo uno que subió a la cruz, y lo hizo no por sí mismo, sino por nosotros, en nuestro beneficio. La Escritura añade: «En Cristo, Dios estaba reconciliando al mundo consigo mismo, no tomándole en cuenta sus pecados» (2 Corintios 5:19 NVI). En nuestra historia de la niña ausente, el juez estuvo dispuesto a darle una nueva oportunidad, aunque con la condición de que mejorara sus notas. Sin embargo, en la historia del Calvario, es Cristo mismo quien presenta sus notas perfectas en nuestro favor. Y todas sus notas son más que excelentes; no hay ninguna falta. Eso es gracia, amor, perdón. Borrón y cuenta nueva. Borrón de tus faltas, y una cuenta nueva que jamás cambiará. Son las notas de Cristo en beneficio tuyo, y esas nunca cambian. Pero ¿quieres cambios en tu vida? ¡Nada cambia al ser humano como la gracia inmerecida!

18

Debí pensarlo antes de sentarme tras el volante

> «La ley fue dada por medio de Moisés, pero la gracia y la verdad nos han llegado por medio de Jesucristo» (Juan 1:17 RVA2015).

—Señor abogado, es que usted no me comprende. Yo no puedo ir a la cárcel. —Ricardo, me temo que el que no comprende es usted. La vez pasada se le advirtió que tendría que pagar ciento veinte días de cárcel si lo detenían ebrio por tercera vez. —Pero ¿acaso no ve que mi esposa tiene siete meses de embarazo? Si me encierran, mi esposa va a quedar en la calle. Ella no trabaja; soy yo el que mantengo a mi familia. ¡Va a dar a luz en la calle! ¿Ustedes quieren dejarla en la calle con mis tres hijos? —Créame —contestó el abogado—, yo lo comprendo; estoy de su lado. El problema es la fiscalía, porque ellos representan la ley, y la ley no siente ni entiende nada. La ley no tiene ni una miga de simpatía por el embarazo de su esposa, ni por el riesgo de que su familia quede en la calle. —Yo sé, pero hable con ellos otra vez. Yo no puedo pagar con cárcel. Puedo pagar con dinero, multas, trabajo, clases; pero con cárcel, no puedo. —Ricardo, ya hablamos de esto. ¿Recuerda lo que la fiscalía me respondió cuando yo le hablé del problema de su esposa, y de que podrían quedar en la calle? —El acusado se quedó mirando una mosca que zumbaba arriba, en la esquina de la pequeña sala. Lentamente, repitió: —Debí pensarlo antes de sentarme tras el volante. Ahora no sé qué voy a hacer. —Pero ya era demasiado tarde. La ley tampoco sabe de remordimientos.

Las letras de la ley no sienten nada. Están escritas fríamente, ya sea en piedra, papiro, madera, o papel. La ley no siente ni una miga de simpatía, o felicidad, o lástima, o lo que sea, cuando tú la cumples o dejas de cumplirla. La ley no te felicita cuando la cumples. La ley no llora cuando la quebrantas. La ley solo sabe acusarte, y dictar tu pena. Y ahora estamos hablando de la ley de Dios. Esa ley es tan exigente, que demanda un cumplimiento estricto y constante, en hechos y pensamientos, sin importar quién seas. Es tan exigente al revisar la conducta humana, que dicta esta sentencia: «No hay ni un solo justo, ni siquiera uno» (Romanos 3:10 NTV). Por más justa, buena y amorosa que luzca una persona, la ley de Dios siempre sentenciará: «Desobediente, pecador, interesado, asesino, perverso, iracundo: pena de muerte». ¿Por qué? Porque la norma de la ley es como la barra horizontal en el deporte del salto alto. Siempre se puede colocar a una altura mayor, y siempre te invitará a saltar más y más alto, aunque no puedas hacerlo. Siempre podríamos haber sido más puros, pacientes, amorosos, menos mal hablados y menos iracundos de lo que hemos sido. Pero cuando piensas que has logrado lo que pide, la ley te pide un poco más. Coloca la barra aun más alta. ¿Cuánto más podrás saltar? ¿Cuántos intentos, antes de que no puedas más?

Sin embargo, cuando la ley de Dios revisa la vida de Cristo, es entonces cuando la ley siente. Siente vergüenza, queda humillada, avergonzada, vencida, derrotada, superada; se quiere esconder. ¿Por qué? Porque la vida de Cristo superó todas sus exigencias. La perfección moral de Cristo es infinita. El código moral de la ley es incapaz de abarcar los alcances infinitos de la persona que él ha sido, es, y será. El apóstol Juan lo explicó así: «La ley fue dada por medio de Moisés, pero la gracia y la verdad nos han llegado por medio de Jesucristo» (Juan 1:17 RVA2015). Esa combinación especial de «gracia y verdad» faltaba en la ley de Moisés, es decir, los diez mandamientos, y en cualquier otro mandamiento derivado de la ley. En los diez mandamientos, solo había (y hay) «condena y verdad». Pero «gracia y verdad» describe quién es Jesús, y todo lo que hizo por nosotros. Su obra de gracia en nuestro favor es la verdad divina para nosotros, y esa verdad es eterna e irrevocable. Su obra de perdonar nuestros pecados tiene nuestro nombre. Y se nos da solo por gracia; no por nuestras obras.

No podemos atribuirnos nada de lo que él es en su persona. Suena ridículo tener que decirlo así, pero el corazón humano siempre rebusca alguna manera de atribuirse la más mínima parte de nuestra salvación. Así que debemos recalcarlo: no podemos atribuirnos crédito alguno por todo lo que él es y ha hecho en nuestro beneficio. La obra de Dios en Cristo surgió de la propia voluntad de Dios. De principio a fin, la iniciativa de amarte y redimirte fue suya. Y se nos otorgó gratuitamente, por su pura misericordia. No nos costó absolutamente nada, ni siquiera la fe. Porque aun la fe salvadora fue iniciativa de Dios en Cristo, quien es el Autor y Consumador de nuestra fe. Pero a Cristo, nuestra salvación le costó todo, incluyendo su descenso a las regiones del valle de sombra de muerte. No sabemos ni tenemos la menor idea de la angustia que sintió en todo su ser. Pero cuando él entró a esa densa oscuridad, se estaba haciendo pecado por nosotros. Y al tomar el pecado de toda la humanidad, se convirtió en el pecador más grande que jamás haya existido en la presencia de Dios. Fue por eso que exclamó: «Dios mío, Dios mío, ¿por qué me has abandonado?». El Hijo divino tomó nuestro juicio sobre su ser, y al hacerlo, se sintió abandonado por el propio Dios, cuando entró en nuestra oscuridad. Pero cuando él, que es la luz, brilló en esas tinieblas, ¡las tinieblas no prevalecieron contra la luz de su misericordia! Piénsalo, nuestra oscuridad no pudo vencer su gracia. ¡Alabado y glorificado sea el nombre del Señor!

19

Jugando con fuego

> «Por la fe Abel ofreció a Dios un sacrificio más aceptable que el de Caín, por lo cual recibió testimonio de ser justo, pues Dios aceptó su ofrenda. Y por la fe Abel, a pesar de estar muerto, habla todavía» (Hebreos 11:4 NVI).

Los dos hermanos se presentaron ante el juez. Uno de quince, y el otro de dieciséis. ¿El presunto delito? Tenencia de un encendedor en la escuela. El guardia los encontró jugando con la llama, y les dio una citación para comparecer ante el juez. Ahora, el juez hablaba con el primero. —Dígame, joven, ¿por qué tenía un encendedor en el bolsillo? —Es que en la casa yo enciendo los fogones para el desayuno, y por descuido, me lo puse en el pantalón. —Y ¿acaso no hay otra manera de encender el fogón? —No, su Señoría. Es una cocina vieja. Hay que girar la palanca para que salga el gas, y luego se enciende la lumbre con el encendedor. —Bueno, joven, digamos que usted tiene la razón. Pero ¿no será que por descuido usted también usa el encendedor para fumar marihuana? —¡No, su Señoría! Nunca tocaría esa hierba. —Muy bien; déjeme pensarlo unos minutos. Llamemos al siguiente caso. El joven salió de la sala y entró su hermano. Las preguntas y las respuestas fueron iguales... hasta que el juez preguntó por la marihuana. —Sí, su Señoría, yo también uso el encendedor para fumar hierba; lo confieso. —¿Conoce a alguien más que fuma? —Bueno, señor juez, no sé si mi hermano le dijo que él también... —Basta —lo interrumpió el juez—. No diga más. —El segundo hermano fue perdonado, y el primero fue sentenciado. Tres meses recogiendo basura, sábados y domingos, desde las siete de la mañana hasta las cinco de la tarde.

Al principio de la historia sagrada, se relata que Dios citó a los primeros hermanos, Caín y Abel. «Han pecado el uno contra el otro. Traigan el sacrificio que les enseñé a sus padres». Días después, se presentó Caín. Cargaba una enorme bandeja con las más hermosas frutas y verduras. Las había cultivado con mucho esmero, y estaba orgulloso de su trabajo. Parecía decir: «Oh Dios, no es necesario que me perdones, mi conducta es intachable. Mira estos frutos: ¡perfectos! Mira todo mi esfuerzo para producirlos: ¡perfecto! Mira mi sabiduría como agricultor: ¡perfecta! Yo amo a mi hermanito, pero compara nuestros frutos. Él es descuidado y no trabaja tanto como yo. Todos estos bellos frutos lo demuestran». Luego se acercó Abel, quien ofreció un corderito. «Este es el sacrificio que enseñaste a nuestros padres. Es la promesa de un Cordero humano que vendrá y será sacrificado por nuestras faltas. Yo confieso las mías. No merezco el perdón que me prometes en ese Cordero, pero lo ofrendo por fe en tu gracia y misericordia». «Y el Señor miró con agrado a Abel y a su ofrenda, pero no miró así a Caín ni a su ofrenda» (Génesis 4:4–5 NVI).

La reacción de Caín muestra lo que realmente había en su corazón: orgullo y odio. Tanto se molestó por el rechazo de sus buenos frutos, que se levantó y mató a su hermano en el campo. ¡Y presumía de sus buenas obras, y alegaba que eran perfectas! «Por la fe Abel ofreció a Dios un sacrificio más aceptable que el de Caín, por lo cual recibió testimonio de ser justo, pues Dios aceptó su ofrenda. Y por la fe Abel, a pesar de estar muerto, habla todavía» (Hebreos 11:4 NVI). Y ¿de quién hablan tus ofrendas? Si tus ofrendas hablan de ti, es la ofrenda de Caín. Si tu ofrenda habla de Cristo, ¡has sido perdonado!

20

Se perdona el interés de la deuda

> «Ahora, Dios los ha vuelto a la vida con Cristo y nos ha perdonado todos nuestros pecados. Cristo ha destruido el documento acusador que contenía cargos contra nosotros y lo ha hecho desaparecer clavándolo en la cruz» (Colosenses 2:13–14 BLPH).

Comenzaba la audiencia en una causa civil. De inmediato el juez preguntó si el demandante y el demandado habían llegado a algún acuerdo. «Sí, su Señoría. Tenemos este acuerdo por escrito», dijo el abogado del demandante entregando el documento al juez. Con el texto en la mano, el juez se dirigió al demandado: —Señor, ¿este acuerdo tiene su visto bueno? —Mire, su Señoría, a mí me pidieron que firmara, pero para decirle la verdad, no sé todo lo que dice ese papel. —¿Alguien le tradujo el escrito del inglés al español antes de firmarlo? —No, su Señoría, nadie. —Protesto, su Señoría —respondió el abogado del demandante—. A él se le explicó muy bien el acuerdo. —¡No! —exclamó el juez—. El que protesto soy yo. Una cosa es explicar, y otra cosa es traducir. Le pido al intérprete que le traduzca todo el escrito sin omisión alguna. Por favor, salgan de la sala, y regresen cuando cumplan lo que he ordenado. —Cuando traduje el acuerdo línea por línea, el demandado estuvo de acuerdo con cada renglón, hasta que llegamos al último, escrito en letra chica. Este le exigía un diez por ciento de interés mensual sobre la deuda, añadiendo cientos de dólares a su obligación. —No, a mí nadie me dijo nada de eso, ¡no estoy de acuerdo! —Al regresar al tribunal, el juez increpó al abogado demandante por tratar de estafar al demandado, y canceló el pago de cualquier interés sobre la deuda. Fue así como perdonó cientos de dólares que, de otro modo, el demandado hubiera tenido que pagar. Obviamente, el juez había leído la letra chica, y ordenó la traducción. No hay detalle que escape al ojo instruido del juez.

La gran sorpresa del demandado fue que el juez le perdonó el interés de la deuda sin tener que pedírselo, rogarle, o explicarle que era trabajador agrícola y padre de cinco hijos. No había dicho nada. Suponía que pagaría algunos intereses, pero no la gran suma cobrada por el demandante. La cancelación de los intereses fue gratuita, inesperada. Y habría sido aun más sorprendente si el juez hubiera cancelado toda la deuda. Pero eso es, precisamente, lo que el juez del tribunal divino hizo con nuestra deuda, causada por nuestros pecados. Esa deuda debe pagarse con muerte, y muerte eterna. Tal es el misterio de la santidad de Dios. La Escritura lo explica así: «Y muertos estaban a causa de sus delitos y de su condición de paganos. Pero ahora, Dios los ha vuelto a la vida con Cristo y nos ha perdonado todos nuestros pecados. Ha destruido el documento acusador que contenía cargos contra nosotros y lo ha hecho desaparecer clavándolo en la cruz» (Colosenses 2:14 BLPH). Un muerto no puede pagar nada. Así estábamos, «muertos en vuestros delitos y pecados» (Efesios 2:1 RV60). Muertos y con los bolsillos rotos. Pero la deuda fue cancelada por alguien que estaba vivo y pudo pagar. «Clavada en la cruz» significa clavada en el cuerpo santo y puro de Jesucristo, que colgaba allí.

«Nada en la vida es gratis», dice el proverbio popular. Lo mismo sucede con el perdón de los pecados y la vida eterna. No es gratis, ni barato. Es infinitamente costoso. Y es tan así, que solo el cuerpo del inocente Jesucristo, Hijo de Dios, pudo pagar, asumiendo el costo él mismo. No se nos facturó ni el más mínimo centavo, ni la obra más insignificante. La Buena Nueva de Dios nos declara todo por escrito, y sin engaños. Tampoco nos cobra intereses escondidos. No nos cobra el más mínimo porcentaje. Cristo pagó la deuda y no debemos nada más. El ojo conocedor del Juez divino sabe todo lo que debemos, pero también sabe que somos incapaces de pagar esa deuda. Desde que nuestro corazón empezó a latir en nuestro embrión —y aun antes—, ya estábamos en deuda. ¿Por qué? Porque fuimos concebidos según la naturaleza del Adán caído, que provoca que todo nacido ya venga con el pecado adentro. El Juez divino lo sabe.

Por esa razón, Dios concibió el evangelio, la Buena Nueva. Cristo se entregó voluntariamente para pagar toda nuestra deuda, y aun lo que nosotros mismos no sabemos que debemos. Por eso el evangelio nos instruye. Nos muestra toda nuestra cuenta, pero al mismo tiempo nos deja ver la columna que muestra todo pagado, y por quién, sin que lo pidieras, rogaras, o le explicaras tu necesidad. Para muchos, todo esto es difícil de creer y aceptar. Pero «sin fe es imposible agradar a Dios» (Hebreos 11:6 RV60). Nosotros no podemos generar esa clase de fe, pero al escuchar la historia del perdón de nuestra deuda —el cómo, el por qué, y el por quién—, se produce la fe salvadora que nos lleva a exclamar: «¡Creo, ayuda mi incredulidad!».

21

Si no firma, ¡la mando a la cárcel!

> «Cuando un hombre fuerte está bien armado y protege su palacio, lo que posee no corre peligro. Pero cuando otro más fuerte que él viene y lo derrota, le quita todas las armas en las que confiaba, y reparte el botín» (Lucas 11:21–22 NVI).

Me sentía tan furioso que casi no podía traducir la declaración de culpa. El fiscal, un hombre de casi dos metros, se erguía sobre la pequeña anciana con la amenaza: «¡Si no firma ya, la mando a la cárcel!». La anciana estaba perdiendo su vivienda en una zona de bajos ingresos. Vivía allí con su hija y su nieta de dos años. No había hombre en el hogar. La hija trabajaba lavando ropa en un hotel para poner el pan sobre la mesa. La vivienda estaba a nombre de la anciana, quien sufría de diabetes y tenía la vista afectada. Pero ¿cuál había sido su gran delito? La hierba del patio delantero de su casa se había quemado bajo el fuerte sol. Donde antes había verdor, ahora se acumulaba polvo. Los inspectores de la ciudad habían pasado, habían tomado nota, y ahora la acusaban de infringir el código municipal de viviendas. Aunque le habían dado un plazo para arreglar el patio, no había cumplido por falta de recursos. Ahora debía declararse culpable, pagar una multa de seis mil dólares, y tendría sesenta días para corregir el problema. De otro modo, iría a la cárcel, y por estar atrasada en sus pagos al banco, perdería la hipoteca de la casa. La señora intentó firmar, pero dijo que no podía ver. Cuando puse mi dedo índice sobre el papel para señalar el lugar, comenzó a escribir sobre mi dedo. «¡Dese prisa, y si no firma, le diré al juez que la encierre!», exigía el fiscal casi encima de la anciana. Por falta de dinero, la mujer además comparecía sin un abogado particular, y por desconocer el sistema judicial, había renunciado a ser representada por un defensor de oficio. Se enfrentaba sola a todo el peso de la ley, destituida y aplastada por la inmensidad del sistema judicial y del sistema bancario. ¿Es esto lo mejor que la justicia humana puede ofrecer? ¿El más fuerte siempre aplasta al más débil?

En cierta ocasión, Jesús contó la siguiente parábola: «Cuando un hombre fuerte está bien armado y protege su palacio, lo que posee no corre peligro. Pero cuando otro más fuerte que él viene y lo derrota, le quita todas las armas en las que confiaba, y reparte el botín» (Lucas 11:21–22 NVI). Pero ¿qué se puede hacer cuando los más débiles de los débiles son agredidos y ni siquiera pueden defender la poca dignidad que les queda? La mujer de nuestra historia estaba allí, y no tenía hombre —ni mujer— fuerte que la defendiera. El juez dictó la sentencia a favor de los inspectores. La mujer salió de la sala temblando y con lágrimas. Un desconocido la llevó de la mano hasta fuera del tribunal y la acompañó hasta la parada del bus.

Sin embargo, en nuestra debilidad, mala conducta, descuidos, y con todo el peso de la ley en contra, nosotros sí tenemos un hombre más fuerte que nuestros pecados y que el enemigo que nos tiene como rehenes. Se encuentra más cerca de lo que pensamos. Tan instantáneo como un abrir y cerrar de ojos. A veces no se presenta ni llega a nosotros como quisiéramos. Pensamos que debería llegar blandiendo una espada, como en las películas. Pero la Escritura nos dice que, por el poder de su ser, el Cristo resucitado está siempre allí. Por la fe podemos tocarlo, y recibir misericordia, perdón, y el trato digno que nos concede su atención personal a nuestra necesidad. La Escritura describe a ese hombre fuerte en la siguiente historia:

> Una mujer de la multitud hacía doce años que sufría una hemorragia continua. Había sufrido mucho con varios médicos y, a lo largo de los años, había gastado todo lo que tenía para poder pagarles, pero

> nunca mejoró. De hecho, se puso peor. Ella había oído de Jesús, así que se le acercó por detrás entre la multitud y tocó su túnica. Pues pensó: «Si tan solo tocara su túnica, quedaré sana». Al instante, la hemorragia se detuvo, y ella pudo sentir en su cuerpo que había sido sanada de su terrible condición.
>
> Jesús se dio cuenta de inmediato de que había salido poder sanador de él, así que se dio vuelta y preguntó a la multitud: «¿Quién tocó mi túnica?».
>
> Sus discípulos le dijeron: «Mira a la multitud que te apretuja por todos lados. ¿Cómo puedes preguntar: "¿Quién me tocó?"».
>
> Sin embargo, él siguió mirando a su alrededor para ver quién lo había hecho. Entonces la mujer, asustada y temblando al darse cuenta de lo que le había pasado, se le acercó y se arrodilló delante de él y le confesó lo que había hecho. Y él le dijo: «Hija, tu fe te ha sanado. Ve en paz. Se acabó tu sufrimiento» (Marcos 5:25–34 NTV).

Tal vez se asustó porque pensó que este hombre fuerte también la iba a humillar y despojar de su sanidad. Pero al acercarse, Jesús la sorprende y la llama «hija». Las autoridades religiosas le habían dicho que por causa de su enfermedad no era «hija», sino impura y pecadora. Pero Jesús la justifica, y por su palabra que no miente, la llama «hija». Una hija tan querida que su Padre solo la podía ver sana. Jesús no le pide que se declare culpable de sus pecados, ni que los confiese, o que vaya al templo llevando una ofrenda de purificación por su sanidad. Él llega a ella como el hombre más fuerte que ató al hombre fuerte de su enfermedad. Y la libera de todas las ataduras de su sufrimiento. Aun más, el entró a la fortaleza de la muerte, entró a sus lugares más bajos, y desató a todos los que estaban condenados bajo el pecado. Incluyendo a esa mujer, y a cada uno de nosotros. «Así que, por cuanto los hijos participaron de carne y sangre, él también participó de lo mismo para destruir por medio de la muerte al que tenía el imperio de la muerte, esto es, al diablo» (Hebreos 2:14 RV60).

Pide a Dios la imaginación de la fe. Y a continuación, por todo lo que te haya estado atando por doce años, o más, o menos, acércate a tu nuevo hombre fuerte, y toca el borde de su manto. Y entonces, vive libre de tu acusador y de tus propias acusaciones. El antiguo hombre fuerte ha quedado atado, y tú, desatado. «Ve en paz. Se acabó tu sufrimiento». ¡Recuérdalo cada día de tu vida!

22

La elección

> «Por medio de un solo hombre [Adán] el pecado entró en el mundo, y por medio del pecado entró la muerte; fue así como la muerte pasó a toda la humanidad»; «por la transgresión de un solo hombre [Adán] murieron todos»; «El juicio que lleva a la condenación fue resultado de un solo pecado [de Adán]»; «por la transgresión de un solo hombre reinó la muerte»; «una sola transgresión [de Adán] causó la condenación de todos» (Romanos 5:12, 15, 16, 17, 18 Traducción y paráfrasis del autor)

La abogada hablaba con la joven madre mientras un precioso niño de tres años abría los cajones del escritorio. —La recomendación del trabajador social es que tengan la custodia compartida. El padre terminó sus clases contra el abuso de menores, cumplió con sus clases de rehabilitación de drogas, y la ley contempla que cada niño pueda crecer nutrido por una buena relación con sus dos padres. Usted puede aceptar la recomendación, o pedir un juicio ante el juez para impugnar la custodia compartida con el padre. ¿Cuál será su decisión? —El niño, que había encontrado un caramelo en uno de los cajones, miró a su mamá con unos ojazos que revelaban una profunda comprensión del tema. Sin abrir el caramelo, se acercó a las faldas de su mamá. —Es que no sé qué hacer. Usted no conoce a ese hombre. Es muy violento. Ya lo golpeó una vez, y muy fuerte. ¿No recuerda las fotos? ¿Quién me garantiza que, después de una visita, el papá no me lo va a devolver en un ataúd? ¿Qué hago? ¿Qué hago? ¿Qué me recomienda usted? —Yo no le puedo recomendar nada. Estoy aquí para abogar a su favor, cualquiera sea su decisión. —El niño no soltaba ni la falda de la madre ni su caramelo mientras miraba a la abogada. —Mire, señora. Es su decisión. Yo no le puedo garantizar nada. Escuche a su corazón de madre. —Y con eso, el niño escondió su cabecita en la falda de su madre.

La madre de nuestra historia estaba angustiada ante la decisión. Debió elegir. Podía hacerlo, y lo hizo. Eligió en beneficio de su hijo. Él no podía hacerlo, pero ella sí. Pidió un juicio para impugnar la custodia compartida. ¡Y ganó! El padre nunca más volvió a solicitar visitas ni custodia. Nadie sabrá jamás si esa fue la mejor decisión para el niño. Pero fue la madre quien tomó esa decisión por él. El niño de tres años no lo podía hacer.

Ante Dios, nuestra situación no es muy diferente. Hace mucho tiempo, dos adversarios se disputaron nuestra custodia. Pero Adán tomó una decisión que nos afectó para siempre. Entregó nuestra custodia al mismo que lo perjudicó en el Edén. «Por medio de un solo hombre [Adán] el pecado entró en el mundo, y por medio del pecado entró la muerte; fue así como la muerte pasó a toda la humanidad»; «por la transgresión de un solo hombre [Adán] murieron todos»; «El juicio que lleva a la condenación fue resultado de un solo pecado [de Adán]»; «por la transgresión de un solo hombre reinó la muerte»; «una sola transgresión [de Adán] causó la condenación de todos» (Romanos 5:12, 15, 16, 17, 18 Traducción y paráfrasis del autor).

Nacemos bajo la custodia de un asesino mentiroso y padre de mentiras. Y para colmo, nuestra facultad de decidir está ya tan corrompida, que no tenemos el poder de cambiarla. Somos como ese niño de tres años. Aun nuestra facultad de tomar buenas decisiones en asuntos de la vida diaria ha quedado afectada. Por eso tantas de nuestras decisiones son contraproducentes. Sí, nuestra situación es tan mala como parece, y es aun peor, porque ni siquiera nos damos cuenta. Es tan así que, si hemos de salir de las manos de nuestro cruel guardián, debe suceder algo grande; algo fuera de nosotros.

De hecho, ya sucedió. En la persona de Cristo. Él fue el reemplazo de Adán. Cristo, como el nuevo Adán, asumió la responsabilidad de escoger por nosotros. En ese infante —ese recién nacido, en el pesebre— iba nuestra decisión, a cada instante de su vida. Por eso el enemigo lo persiguió tan asiduamente, para matarlo, o tentarlo a tomar una decisión equivocada. Pero todas sus decisiones, desde el pesebre hasta el Calvario, fueron tomadas por un libre albedrío desinteresado, totalmente sincero, con un amor sobreabundante por sí mismo y por los demás. Él cumplió con el más grande mandamiento: «Amarás a tu prójimo como a ti mismo» (Mateo 22:36–39 RV60). Él se amó a sí mismo para poder amar a otros. Cada vez que se enfrentó a una decisión, tomó la decisión más amorosa y sabia, tanto para él como para el beneficio de otros. Nadie, incluyendo al padre de nuestra raza, ha tomado jamás las decisiones éticas y morales más acertadas a cada momento. Y nadie jamás lo hará. Sin embargo, el libre albedrío de Cristo fue suficiente para cubrir el libre albedrío insuficiente y defectuoso de cada ser humano cuyo corazón haya latido jamás sobre la faz de la tierra.

Cristo ha sido el único ser humano con un verdadero libre albedrío, o la facultad de escoger libremente. Al igual que Adán, él fue libre de escoger el bien o el mal. Pero él escogió libremente el bien a cada instante. Sin embargo, ¿qué alimentaba su motivación para escoger libremente el bien de manera constante? En respuesta a esta pregunta, dijo: «Mi comida es hacer la voluntad del que me envió y llevar a cabo su obra» (Juan 4:34 RV60). Su voluntad fue nutrida por su conocimiento de que estaba cumpliendo la voluntad del Padre y consumando la obra que él le había asignado. Y ¿cuál era esa obra? La de escoger perfectamente la voluntad de Dios a cada instante de su vida, en nuestro lugar. Vivimos porque él escogió la vida a nuestro favor. Él usó su libertad de escoger en nuestro lugar, lo cual fue la voluntad del Padre para él. Y toda la perfección de todo lo que él escogió es nuestra solo por fe. Toda la plenitud de su libre y perfecto albedrío, Dios la cuenta a nuestro favor.

Pero ¿acaso la Escritura no dice: «Escoged hoy a quien habéis de servir»? (Josué 24:15 LBLA). Sí. Y Jesús oyó y respondió al llamado del profeta en nuestro lugar. A cada momento, en todo lugar, en toda circunstancia, y ante Dios, él escogió servir a la voluntad de su Padre.

Pero ¿acaso no tenemos también que tomar decisiones éticas y morales hoy mismo? Más vale que sí. Para nuestro bien y el bien de otros, tenemos que tomar las mejores decisiones éticas y morales a nuestro alcance. Pero estas no alterarán en nada la decisión tomada por nuestra salvación.

Esa decisión ya fue tomada por nosotros.

23

Ese niño será su salvación

> «He venido para que tengan vida, y para que la tengan en abundancia» (Juan 10:10 RV60). «Porque un niño nos es nacido, hijo nos es dado, y el principado sobre su hombro; y se llamará su nombre Admirable, Consejero, Dios Fuerte, Padre Eterno, Príncipe de Paz» (Isaías 9:6 RV60).

La joven acababa de cumplir dieciocho años. Lucía toda la belleza de su juventud. Tenía un porte de princesa en la sala. Además era inteligente, estudiante de química en una importante universidad cercana. Pero —y este era el pero del papá— también lucía un embarazo de seis meses. La joven seguía viviendo con su padre, quien había sido padre soltero desde que su hija era niña. Puesto que apenas faltaban tres meses para la llegada del bebé, el novio de la joven y presunto padre del bebé visitaba a la chica cada día... y el padre se enfurecía. Hoy todos se encontraban en el tribunal: el padre, la hija y el novio. El padre pedía una orden de alejamiento contra el muchacho. El juez rechazó todos los argumentos del padre. La norma para una orden de alejamiento por acoso civil es exigente. El demandante debe demostrar que existe un acoso tan continuo y persistente que la vida de la presunta víctima corre un peligro grave e inminente. Sin embargo, solo pudo demostrar que el chico iba a la casa, la chica lo hacía pasar, el padre y el chico intercambiaban palabras ofensivas, y luego el chico ayudaba a pintar y decorar la habitación del bebé que llegaría en pocos meses.

«Ese embarazo arruinó el futuro de mi hija. Ella estaba encaminada hacia una buena carrera. Yo soy padre soltero; ¡usted no sabe todo lo que me he sacrificado por ella para ahora perderla por este vagabundo! Yo no tengo tiempo ni dinero para criar un hijo más, y a mi edad. Quiero que este malcriado se aleje de nuestras vidas para siempre». El juez había escuchado pacientemente toda la retahíla. Finalmente, interrumpió: «Señor, le hablaré como amigo, no como juez. Preste atención. ¡Ese niño será su salvación! Haga las paces con su hija y con este joven. Pronto usted será abuelo, y un abuelo envejece antes de lo que piensa. De aquí a veinte años, ese niño podría ser la mano que usted necesitará para no caer. Todo este tiempo ha estado viviendo solo, con su hija. Bueno, ¡felicitaciones! ¡Ahora estará rodeado por toda una familia!».

La Escritura nos habla de otra jovencita embarazada. Ya estaba comprometida, y su novio estaba muy enamorado. Las calumnias y los chismes iban y venían. ¿De quién era el bebé? «¡Acaba de comprometerse y ya está embarazada!». Pero la jovencita no tenía de qué avergonzarse, ni menos aun de qué sentirse culpable. Cuando el ángel le anunció que sería madre por el poder del Espíritu Santo, ella respondió con fe: «Aquí está la sierva del Señor; hágase conmigo conforme a tu palabra» (Lucas 1:38 RVR1995). Y el niño que creció en su vientre ciertamente nos dio más que la mano cuando estábamos muertos en nuestros delitos y pecados después de nuestras desastrosas caídas. Él nos dio su vida. Él fue ese «santo ser», esa nueva humanidad para nuestro beneficio, en cada etapa de su vida. «Y el niño crecía y se fortalecía, llenándose de sabiduría; y la gracia de Dios estaba sobre Él» (Lucas 2:40 RVR1977). Desde la infancia hasta la edad adulta, vivió cada etapa de su desarrollo en perfecta obediencia a la voluntad de su Padre. La vivió plenamente en nuestro lugar. La niñez, aunque es la etapa en que los niños nos sorprenden con su inteligencia, afecto puro e inocente, y su naciente pensamiento abstracto, es también la etapa en que comenzamos a ver las semillas del egoísmo, la violencia y la avaricia. Desde la niñez temprana, pasando por la adolescencia, vemos en los niños una asombrosa generosidad, cuidado de los demás, y sabiduría. Pero vemos también la codicia, el egoísmo, el acoso escolar, la falta de respeto, y otros comportamientos que sorprenden a sus padres y a los grupos sociales que los rodean.

Lucas narra un incidente donde «le llevaban niños pequeños a Jesús para que los tocara» (Lucas 18:15 NVI). ¿Bebés? Sí. De hecho, la palabra griega que Lucas usa aquí describe tanto a los recién nacidos como a los fetos, a los todavía no nacidos. Es la misma palabra que Lucas usa para citar las palabras de los ángeles a los pastores: «hallaréis un niño recién nacido envuelto en pañales, y acostado en un pesebre» (Lucas 2:12 RV60). Aquí se describe al recién nacido niño Jesús en el pesebre, reposando en el pecho de María. Es la misma palabra que Lucas usa para citar a Elizabeth, cuando María viene a visitarla: «Te digo que tan pronto como llegó a mis oídos la voz de tu saludo, saltó de alegría la criatura que llevo en el vientre» (Lucas 1:44 NVI). La palabra significa «el no nacido» [saltó de alegría en mi vientre]. Se refiere al feto intrauterino. Entonces, cuando Lucas narra que traían «niños pequeños» para que Jesús los tocara, también incluye a los no nacidos. Rodeando a Jesús aquel día, había mujeres embarazadas y también mujeres con pocos días de dar a luz. Y con su toque, él bendijo a los nacidos y a los no nacidos. Esta escena claramente molesta a los discípulos, pues ellos no querían que ninguna mujer ceremonialmente impura tocara al Maestro. Toda mujer con pocos días de haber dado a luz era considerada impura. Si había dado a luz a un varón, su impureza duraba treinta y tres días; y si era niña, sesenta y seis. Después debía llevar una ofrenda al sacerdote para ser declarada limpia (Levítico 12:1–8). Obviamente, los recién nacidos estaban en los brazos de madres impuras. Tocar a los bebés en los brazos de sus madres era como tocar a la misma madre. Pero Jesús es el cumplimiento de la ley, y con su toque restaura a la madre ante la ley. Y ¿qué significaba el toque de Jesús, en los niños? «Dejad que los niños vengan a mí, y no se lo impidáis, porque de los que son como estos es el reino de Dios» (Lucas 18:16 LBLA). Por medio de su toque, ¡los recién nacidos y los no nacidos, ya nacían en el reino de Dios!

Pero ¿qué significa para nosotros la niñez de Jesús, cuando era un recién nacido, e infante?

El profeta dijo de él: «Porque un niño nos es nacido, hijo nos es dado, y el principado sobre su hombro; y se llamará su nombre Admirable, Consejero, Dios Fuerte, Padre Eterno, Príncipe de Paz» (Isaías 9:6 RV60).

Ciertamente, ¡ese niño llegó a ser nuestra salvación!

24

El problema es esa maña que uno tiene

> «Oh Señor, si tu mirares los pecados, ¿quién pudiera resistir? Mas en ti hay perdón para que seas reverenciado» (Salmo 130:3–4 RV60). «Cuanto está lejos el oriente del occidente, hizo alejar de nosotros nuestras rebeliones» (Salmo 103:12 RV60).

Aunque la señora no parecía estar gravemente enferma, en realidad había sufrido de cáncer de tiroides por muchos años. Con lujo de detalles relataba al abogado sus múltiples cirugías, tratamientos de radiación y cócteles de quimioterapia, con sus secuelas y efectos secundarios. Sus medicinas le causaban sueño, su cuerpo se aflojaba, perdía el apetito, y a veces se sentía desorientada. Finalmente, con cierto aire dramático, echó hacia atrás el cabello que cubría su garganta, y nos dejó ver brevemente las cicatrices de sus cirugías. Daba lástima ver y escuchar el historial, aunque sonaba algo practicado y dramatizado. «Mire, aquí tengo todas las pruebas de hospitalización, tratamientos, y las medicinas que tomo, que me dejan mareada y medio dormida. Y aquí están las firmas de que fui a Alcohólicos Anónimos, tal como me pidió el juez». El abogado abrió el cuaderno y notó exactamente seis firmas, una por cada reunión. El juez había pedido treinta. «¿Me permite?», preguntó el licenciado, y entró a la sala para enseñarle los comprobantes a la fiscalía. Mientras tanto, la ansiosa dama me conversaba. «Mire, usted no sabe todo lo que yo he sufrido con este cáncer todos estos años; las cirugías, las radiaciones... El único problema que tengo es esa vieja maña de tomar alcohol. Solo me había tomado una cervecita antes de conducir, e iba solo a la tienda de la esquina. Habría podido caminar». Siguió hablando, pero no la escuché. Me quedé pensando en «Mi único problema es esa vieja maña...».

¿Es eso lo que diremos ante Dios? ¿Es lo mejor que podemos decir ante la sociedad, nuestros hijos, nuestra pareja, nuestros padres? «Soy casi perfecto; mi único problema es esta vieja y pequeña maña que me lleva a hacer todo lo que hago...». Realmente, la palabrita «maña» nos cae a todos. Y esquivarla, ¡también es una maña! Esta «maña» no es ni más ni menos que lo que el apóstol Pablo presentó como la naturaleza pecaminosa, aunque él usó un nombre que la describe mejor. Usó la palabra griega sarx o «carne». Esa es nuestra única y vieja maña; nuestra carne codiciosa y egoísta. Aunque quiere amar, no puede, porque solo quiere amarse a sí misma, y busca solamente lo suyo.

El mismo apóstol Pablo confesó que, en lo concerniente a los mandamientos, los guardaba todos menos uno: «No codiciarás» (Romanos 7:7–11 RV60). Esa también era su pequeña y vieja maña. Su codicia lo traicionaba, aunque en su mente deseaba vivir libre de ella y cumplir la ley. Pero ¿cuál es la suma de todas nuestras mañas? Comportamientos que poco a poco nos destruyen y lastiman a otros.

Pero Dios, el Juez de todos y de todas las cosas, también tiene su vieja y grandiosa «maña»: perdonar. «¿Qué Dios hay como tú, que perdone la maldad y pase por alto el delito...? No siempre estarás airado, porque tu mayor placer es amar» (Miqueas 7:18 NVI). Sí, Dios siempre se mantiene centrado en el perdón. «Acerquémonos, pues, confiadamente al trono de la gracia, para alcanzar misericordia y hallar gracia para el oportuno socorro» (Hebreos 4:16 RV60). Al entregar a su Hijo para vivir y morir en nuestro favor, Dios hizo un compromiso eterno para perdonarnos. Ese compromiso tenía como clave esta «maña» en particular: Jesús llevaría nuestra culpa y pecado; sería condenado a muerte en nuestro lugar. Y luego, nos cubriría con el manto de todo su amor, pureza e integridad. ¿A cambio de qué? De creer en lo que Dios hizo en Cristo; creer que esta es la verdad inamovible, y que es nuestra por su gracia, a través de la fe. ¡Vaya maña! Dios confronta al más mañoso pecador: maña divina contra maña pecadora: «Hijo, hija, tus pecados te son perdonados». «Cuanto está lejos el oriente del occidente, hizo alejar de nosotros nuestras rebeliones» (Salmo 103:12 RV60). «En ti hay perdón para que seas reverenciado» (Salmo 130:4 RV60). Maña vence a maña. Siempre. Respira con alivio. Esa verdad es para ti. ¡Cada día y para siempre!

25

La ley no le cobra ese delito

> «Dios no nos trata conforme a nuestros pecados ni nos paga según nuestras maldades. Tan grande es su amor por los que le temen como alto es el cielo sobre la tierra [...] Tan compasivo es el Señor con los que le temen como lo es un padre con sus hijos. Él conoce nuestra condición; sabe que somos polvo» (Salmo 103:10–14 NVI).

Pálida, cabizbaja y asustada, la señora entró al tribunal de tránsito. La seguía una joven que miraba furtivamente, como tratando de entender su entorno. Se sentaron en la primera fila, donde yo las ayudaría con la traducción de la diligencia judicial. Al saludarlas, me di cuenta de que la joven, de unos doce años, tenía las características físicas del síndrome de Down. Antes de comenzar la sesión, la señora me tomó del brazo y me dijo: «Dígale al juez que el policía me dio esta boleta porque mi niña no tenía puesto el cinturón de seguridad. Pero ella tiene Down, y no sabe lo que hace. Cuando se pone nerviosa, se lo quita, y después no se lo puede poner. Dígale, por favor, que nosotros no tenemos con qué pagar la multa». Mi función en el tribunal es traducir. No puedo fungir de abogado. La señora me pedía algo que no podía hacer. Miré a la niña, y quise intervenir en su favor. En eso entró el juez, y comenzó a pasar lista. La señora insistía, susurrando: «Dígale, dígale». Finalmente, el juez la llamó. Al llegar a la mesa de los acusados, me insistía aun más. El juez la miró rápidamente, y luego leyó detenidamente un documento. En eso alcanzó un gran libro de derecho del tránsito; ojeó algunas páginas, y luego se detuvo. Mientras tanto, la señora me insistía. Finalmente, el juez le dirigió la palabra: «Señora, la ley no le cobra este delito. La causa queda sobreseída. Se puede retirar». La señora me miró con ojos de asombro. Le dije: «Señora, el juez no ha tomado en cuenta su delito; se puede retirar». «Y ¿cuánto tengo que pagar?». La niña entendió antes que su mamá. Con su índice y su pulgar formó un cero, luego cambió a «pulgares arriba», y enseguida dio palmaditas de aplauso. Tomó a su mamá de la mano, y juntas salieron casi bailando de la sala.

Esa es nuestra condición ante Dios. La Escritura dice: «Dios no nos trata conforme a nuestros pecados ni nos paga según nuestras maldades. Tan grande es su amor por los que le temen como alto es el cielo sobre la tierra. Tan lejos de nosotros echó nuestras transgresiones como lejos del oriente está el occidente. Tan compasivo es el Señor con los que le temen como lo es un padre con sus hijos. Él conoce nuestra condición; sabe que tan sólo somos polvo» (Salmo 103:10–14 NVI).

La ley es ciega a nuestra situación particular. La ley solo recuerda nuestros delitos y defectos. La ley no recuerda que tan solo somos polvo. La ley nos enfrenta como si todos fuésemos de acero, o titanio, o del material moral más capaz de cumplir todas sus demandas. Por lo tanto, aun la situación particular de nuestros defectos nos condena.

Pero Dios tiene otro libro, otro volumen a su vista: la ley de la gracia. Cuando lo revisa, tan solo puede ver la vida de Cristo aplicada a la situación particular de cada pecador. Dios sí recuerda que solo somos polvo y aliento. Sin embargo, es el aliento suyo. Y entonces, por ser su propio aliento, soplado sobre el polvo del Edén en la forma de Adán, nos perdona. Tal como somos hechos del soplo de Dios, somos también nueva hechura de Dios por su perdón. ¿Cuánta obediencia puede rendir una pila de polvo, si con la primera brisa se dispersa? Por eso, Dios permite que el polvo vuelva al polvo. Pero su aliento es la vida de Cristo en nuestro favor. Y en la resurrección, su aliento glorificado nos aspiró en su vida.

¿Difícil de creer? Sí, tal como lo fue para aquella incrédula madre en la sala judicial. Sin embargo, ¡su hija con síndrome de Down fue la primera en entender el veredicto «Perdonado» del juez! Los más necesitados de la gracia son los primeros en entender que han sido perdonados. «De cierto les digo que si no se vuelven y se hacen como los niños, jamás entrarán en el reino de los cielos [...] Por tanto, el que se humilla como este niño será el más grande en el reino de los cielos. Y el que recibe en mi nombre a un niño como este, me recibe a mí [...] Así también, el Padre de ustedes que está en el cielo no quiere que se pierda ninguno de estos pequeños» (Mateo 18:3–5, 14 NVI).

Entonces, ¿lo entiendes? ¿O necesitas que la muchacha de nuestra historia te dé «pulgares arriba»?

26

Lo cuidó hasta que cumplió un año

> «Nosotros le amamos a él, porque él nos amó primero» (1 Juan 4:19 RV60). «Mirad cuán gran amor nos ha otorgado el Padre, para que seamos llamados hijos de Dios; y eso somos» (1 Juan 3:1 LBLA). «No os dejaré huérfanos; vendré a vosotros» (Juan 14:18 RV60).

Al tribunal de menores acudió una joven de dieciséis años, formada ya como señorita. Llegó allí por una queja del colegio, pues en los últimos tres meses había faltado a más del cincuenta por ciento de los días escolares. La madre la acompañaba. —Magaly, son demasiadas ausencias —reclamó el juez—. ¿Está sucediendo algo en el colegio, que está causando estas ausencias? Por no hablar de tus notas. Estás reprobando todas tus materias. ¿Eres tal vez víctima de intimidación en el colegio? —No, su Señoría —fue su tímida respuesta—. Me llevo bien con todos. —Bien —agregó el juez—; y ¿cómo marcha todo por casa? ¿Todo bien con tu papá, tus hermanos, tu mamá? —Sí, su Señoría —respondió la joven con una voz tan baja que casi no se podía oír—. Todo marcha bien. —Veo a la madre de la joven atrás. Señora, ¿todo marcha bien en casa? ¿Alguna explicación?

—Gracias, señor juez. Pues no, ella se porta bien en casa, con nosotros y con sus hermanos; todo está bien. —Ayúdeme a entender —dijo el juez—. ¿Por qué este bajo rendimiento? Algo ha pasado… —

Luego de un breve silencio, la madre respondió: —Sí, su Señoría, creo que sí. Nuestra casa era un hogar de acogida. Nos trajeron un niño recién nacido. Magaly, por ser la mayor, me ayudó mucho con el niño. Luego de un año, por un descuido mío con los informes mensuales, me quitaron la certificación y se llevaron al niño. Ella lo había cuidado desde que tenía solo unos días hasta que cumplió un año. Cuando se lo llevaron, ¡le arrancaron el alma! —Un profundo silencio conmovió la sala mientras la niña ahogaba sus sollozos con sus manos...

Nuestra primera reacción es empatizar con la jovencita. El bebé había despertado sus instintos maternales, y se había creado un vínculo estrecho entre ellos. Pero ¿qué del niñito? Él dependía de ella; la veía como una madre. Debió de causarle un trauma, ser súbitamente desarraigado de su amor y afecto. Esta es casi la historia de dos huérfanos. Quedaron vacíos, sin el gran sentimiento que los unía. Pero el más vulnerable era ese bebecito. ¿Qué posibilidades tenía de recuperarse? ¿De crecer sin secuelas? A menudo, la recuperación ocurre lentamente, pero cuando ocurre, llega de la forma menos esperada.

La Escritura nos habla de un niño que quedó huérfano y, más tarde, incapacitado por un trágico accidente. «Jonatán hijo de Saúl tenía un hijo de cinco años, llamado Mefiboset, que estaba tullido. Resulta que cuando de Jezrel llegó la noticia de la muerte de Saúl y Jonatán, su nodriza lo cargó para huir, pero, con el apuro, se le cayó y por eso quedó cojo» (2 Samuel 4:4 NVI). Su abuelo y su padre habían muerto en el campo de batalla. Su nodriza, temerosa de que vinieran también por el niño heredero del trono para quitarle la vida, lo toma y sale corriendo. No se da ningún otro detalle del accidente, excepto que cayó y se quebró ambas piernas, perdiendo el uso de ellas. Pero esa nodriza merece una medalla por su valentía. Un niño de cinco años ya no es ningún infante; pero ella lo cargó hasta un escondite donde hizo su hogar, cuidándolo por muchos años. Le salvó la vida. Tal vez el joven, ya más grande, pensó: Y ¿para qué me salvó, si quedé así? ¿Es esto todo lo que puedo esperar en esta vida?

La historia sigue años después, cuando David recuerda a su querido amigo Jonatán, el padre del niño. Para honrar su recuerdo, David pregunta: «¿No queda aún alguien de la casa de Saúl a quien yo pueda mostrar la bondad de Dios? Y Siba respondió al rey: Aún queda un hijo de Jonatán lisiado de ambos pies» (2 Samuel 9:3 NBLA). Le cuentan la historia de Mefiboset. De inmediato, David manda que se lo traigan. Podemos imaginar a los hombres de David cargando a Mefiboset en una litera a lo largo de kilómetros. Finalmente llegan al palacio del rey. El joven, ahora temeroso, tiembla por su vida. Piensa que David finalmente lo encontró y que acabará con la casa de Saúl acabando con él. Pero no tiene ni la menor idea del giro que su vida está por dar. «No temas», le dice David, «porque a la verdad yo tendré misericordia contigo por amor de Jonatán tu padre. Te devolveré todas las tierras de tu padre Saúl, y tú comerás siempre a mi mesa» (2 Samuel 9:7 RVA). Este desenlace era lo último que Mefiboset esperaba. De niño había quedado huérfano y con una seria incapacidad de por vida. Pero ahora se lo había declarado heredero de todas las tierras de su abuelo, y comería perpetuamente a la mesa del rey.

Pero ese sorprendente desenlace fue concebido por la gracia de Dios.

Lo último que la humanidad esperaba era que su Creador se hiciera un ser humano, que tomara sobre sí mismo todo pecado y maldad, y finalmente, que restaurara a todo pecador a la mesa del rey. Pero la cruz es el acto más grandioso de gracia, que restaura la relación de la humanidad con Dios y la redime. La cruz es la respuesta a la misma pregunta, hecha por Dios: «¿Queda alguien a quien yo pueda mostrar mi bondad?». En la cruz, Dios vertió su alma bondadosa, y nos invitó a todos a su mesa. Por fe, acerquémonos a esa mesa y busquemos nuestro nombre. Tal vez tengamos miedo, o vergüenza, o nos sintamos limitados por nuestras deficiencias físicas o espirituales. Pero despójate de toda duda y temor. Solo por gracia has sido restaurado y declarado digno de sentarte junto a él en su mesa. Mira, el rey te ofrece su copa y un delicioso pedazo de pan, ¡la presencia misma de su vida eterna! Tómala, come y bebe sin timidez alguna, porque siempre habrá más y más. Luego, regocíjate con la familia de todos los Mefibosets de la historia, ¡y nuestro padre nunca nos dejará ni abandonará!

27

Lo perdí todo por ese hombre

> «Haya, pues, en ustedes, este sentir que hubo también en Cristo Jesús, él no consideró el ser igual a Dios como algo a qué aferrarse [...] sino que se rebajó voluntariamente [...] haciéndose semejante a los seres humanos. Y al manifestarse como hombre, se humilló a sí mismo y se hizo obediente hasta la muerte, ¡y muerte de cruz!» (Filipenses 2:6–11 NVI).

El rostro demacrado de la detenida lo contaba todo. Con amarras y esposada, llegó al tribunal para la instrucción de cargos. «Múltiples cargos de robo y hurto en tiendas». Luego detalló las víctimas, las fechas y los lugares. «Se le asigna un abogado de oficio». Su historia salió a la luz durante la entrevista con el abogado. «Hace tres años me junté con ese hombre. Pensé que lo amaba, pero me engañó. Me dijo que era trabajador de la construcción. Mentiras. Era ladrón. En poco tiempo quedé embarazada, y me usó para su oficio. Así, con la barriga grande, para ayudar a disimular, me llevaba a las tiendas para sacar cosas. Todo lo escondía en mi ropa de maternidad. Me decía que, si no lo hacía, me iba a delatar a inmigración. Vivíamos de lo robado. Todo lo que yo sacaba de las tiendas, él lo vendía en los remates. Ya teníamos una ruta establecida. Un día entré para comprar unas cosas. Siempre compraba algo para disimular, pero llevaba cosas debajo de la falda, y escondidas por todos lados. Él me esperaba afuera, con nuestros hijos, que ahora eran tres. Ese día, después de pagar, salí como siempre. En segundos, llegaron varias patrullas, policías con pistolas, me empujaron contra una patrulla, y me esposaron. De reojo, pude ver que él salió del estacionamiento, calle abajo, a toda marcha. Me llevaron a la comisaría y me encontraron todo. Lo peor es que mi prima me dijo que él se llevó a los niños al otro lado de la frontera. ¡Perdí todo por ese hombre inútil! ¡Ahora creo que incluso se ha robado a los niños!». Podríamos debatir si ella fue realmente víctima o cómplice. Lo cierto es que sí perdió todo por enamorarse de un ladrón, mentiroso, abusador y aprovechado.

Esa verdad nos recuerda otra aun más importante. Un ser grandioso lo perdió todo por amor a personas injustas, ladronas, abusadoras y aprovechadas —en definitiva, pecadoras—. El apóstol Pablo escribió de Jesucristo: «no consideró el ser igual a Dios como algo a qué aferrarse [...] se despojó voluntariamente [...] haciéndose semejante a los seres humanos. Y al manifestarse como hombre, se humilló a sí mismo y se hizo obediente hasta la muerte, ¡y muerte de cruz!» (Filipenses 2:6–11 NVI). De hecho, esas palabras formaron una de las primeras canciones de alabanza entre los primeros cristianos. Jesucristo se despojó de todo lo grandioso y perfecto para vestirse de todo lo nuestro: imperfecto, defectuoso, ladrón, hipócrita, y vil. En resumen, un pecador. Es una buena nueva para los ladroncillos de nuestra historia y sus cómplices. La prueba es que fue crucificado entre dos ladrones, limpiando la culpa de cada ladrón, pues llevó los delitos de ellos sobre sí mismo. Además, al justificar a los impíos, restauró todo lo que habían robado de la gloria de Dios.

Pero ¿qué podemos decir de los más honrados, de aquellos que jamás se han llevado a los labios un bocado ajeno? ¿Será que, en lo secreto de su corazón, se jactan de ser tan honrados y justos? Eso también es robar a Dios su gloria.

Es muy fácil señalar a la parejita de nuestra historia como los verdaderos ladrones. Pero nosotros, al no amar al prójimo como debemos y podríamos, le robamos nuestro afecto y cariño. Lo mismo hacemos con los miembros de nuestras familias. Les robamos el tiempo y el cariño que podríamos dar a nuestros hijos y parejas, y los malgastamos en cosas inútiles y sin sentido. Al no amar a Dios ni comportarnos según su ley, le robamos su merecida gloria como nuestro Creador. Sin embargo, por amarnos hasta la muerte, y rescatarnos de la eterna cárcel de ladrones, Cristo fue exaltado hasta la gloria, y nos llevó allí con él, ¡una vez y para siempre! Sí, a ladroncillos como nosotros. En la cruz lo perdió todo por conquistar nuestro amor con su sublime sacrificio, y en nuestro lugar devolvió a Dios todo lo que le hemos robado. Ahora, ¡deja que él te robe el corazón!

28

Lucha libre en el tribunal

> «Es más, creo que nada vale la pena comparado con el invaluable bien de conocer a Jesucristo, mi Señor. Por Cristo he abandonado todo lo que creía haber alcanzado. Ahora considero que todo aquello era basura con tal de lograr a Cristo» (Filipenses 3:8 PDT).

—Y ¿qué dice la madre sobre estas acusaciones? —Su Señoría, todo es verdad. A pesar de todo lo que le dijeron la vez pasada, que estaba en libertad condicional, que tenía que ir a la escuela, que no podía salir de la casa después de las ocho, hace todo al revés. ¡Para colmo, ahora esta niña de dieciséis años tiene siete semanas de embarazo! ¡Y dice que ni siquiera sabe quién es el papá! —La señora ya no podía contener el llanto. Al frente, junto al abogado, la joven se miraba las uñas. —Su Señoría —añadió la oficial de libertad condicional—, el colmo es que esta mañana dio una prueba de sangre sucia, con marihuana. —Creo que tiene razón —añadió el juez fríamente—. Tendremos que consignarla al reclusorio juvenil por un buen tiempo. Hay que protegerla, y también a su criatura. —Mientras él hablaba, la alguacil se colocó detrás de la joven, tomó sus manos, y las puso detrás de su espalda. Pero tan pronto como la chica sintió el frío de las esposas, dio un salto, empujó a la alguacil, y dio dos pasos hacia la puerta, donde había otro alguacil que también intentó sostenerla para que no escapara. Finalmente, la llevaron al piso entre cuatro policías, tratando de no maltratar su vientre, mientras la chica se retorcía lanzando aullidos mezclados con todo tipo de palabrotas callejeras. Finalmente, lograron esposarla y sacarla del recinto judicial. Sus aullidos se perdieron a la distancia.

A veces nos comportamos así ante Dios y el prójimo. Y Dios nos permite esos berrinches y pataletas. Sin embargo, nos lastimamos y herimos a otros con nuestro teatro. Entonces, las circunstancias de la vida nos hacen caer a tierra. Pataleamos, gritamos y damos alaridos; nos retorcemos enojados, en lucha libre contra Dios. ¡Qué absurdo! ¡Pretendemos luchar contra el omnipotente!

La Escritura nos habla de un hombre así. Fue necesario derribarlo de su pedestal. «Saulo, respirando aún amenazas de muerte contra los discípulos del Señor, se presentó al sumo sacerdote y le pidió cartas de extradición para las sinagogas de Damasco. Tenía la intención de encontrar y llevarse presos a Jerusalén a todos los que pertenecieran al Camino, fueran hombres o mujeres. En el viaje sucedió que, al acercarse a Damasco, una luz del cielo relampagueó de repente a su alrededor. Él cayó al suelo y oyó una voz que le decía: —Saulo, Saulo, ¿por qué me persigues?» (Hechos 9:1–4 NVI).

Saulo de Tarso era un hombre influyente de su religión. Esa creencia predominaba en su época. Dictaba que uno solamente era acepto delante de Dios si participaba en ciertas ceremonias y ritos prescritos por la religión. Las autoridades religiosas controlaban el mensaje y verificaban su cumplimiento. Sin embargo, no importando los esfuerzos del penitente, invariablemente dictaban que faltaba más; que no había cumplido lo suficiente. Además, siempre añadían una obligación monetaria al cumplimiento. Cuanto más pagabas, más valiosas eran tus obras delante de Dios (según ellos). Era un buen negocio para su religión, y otras de su entorno, pues todas se basaban en el cumplimiento de obras. Estas religiones siempre —y hasta el día de hoy— se financian por medio del terror y las amenazas de un Dios vengativo que castiga a los desobedientes e impenitentes. Falsamente amenazan que, por decreto de Dios (según ellos), los que no contribuyen a su negocio serán severamente castigados por él (según ellos).

Por eso, cuando Saulo escuchó que había un grupo que promovía la salvación nada más que por la fe en un Mesías que había muerto por sus pecados, y que la gente estaba saliendo de su religión para unirse a este Camino, le dio una pataleta, muy similar a lo que sucedió con la niña en el tribunal. Por causa del evangelio, él estaba perdiendo el poder y el control sobre la conciencia de la gente. Por eso, había que cazarlos y callarlos para deshacerse de esa nueva y peligrosa doctrina que amenazaba toda la institución religiosa. Cuanta más gente se uniera al Camino, más fracasaría su institución. Además, Saulo, junto con todos sus cómplices políticorreligiosos, perderían todo su poder.

En medio de una de esas pataletas paulinas, «una luz del cielo relampagueó de repente a su alrededor» (Hechos 9:3 NVI). Esta era esa «luz que resplandece en las tinieblas, la cual las tinieblas no han podido extinguir» (Juan 1:5 Paráfrasis del autor). Esta era la luz del Camino, la misma luz que Saulo perseguía. La persona que él perseguía era la luz que lo paró en seco con la misma verdad que él buscaba destruir: que los pecadores son justificados ante Dios solamente por la fe en Cristo. Esta verdad lo deslumbró tanto que lo dejó ciego a lo que él pensaba que era la verdad, a su propia doctrina, a todo lo que él presumía. De un momento a otro, quedó en bancarrota espiritual, sin nada que ofrecer a Dios, ni siquiera su nombre, pues pronto lo cambió de «Saulo» (el rey) a «Pablo» (el pequeño). Solo podía regocijarse en la luz que lo había cegado. Esta es la luz que frena en seco la rebeldía humana mediante el poder de la gracia de Dios. Lleva a los pecadores a la luz de la sola fe, en solo Cristo, por medio de la sola gracia de Dios. ¡Y esa luz es suficiente para derribar a cualquiera y levantarlo para siempre a lugares celestiales con Cristo Jesús!

29

Madre vs. abuela

«No temas, porque yo estoy contigo; no desmayes, porque yo soy tu Dios que te esfuerzo; siempre te ayudaré, siempre te sustentaré con la diestra de mi justicia» (Isaías 41:10 RV60). «Yo les doy vida eterna; y no perecerán jamás, ni nadie las arrebatará de mi mano» (Juan 10:28 RV60).

Hoy el juez decidiría si la custodia de la niña de seis años sería otorgada a la abuela, o si sería concedida a la madre, que la estaba solicitando. Por lo común, quienes disputan la custodia de sus hijos son los padres, en medio de un divorcio. Pero en este caso, la madre de la niña se enfrentaba a la abuela paterna. Y ¿dónde estaba el padre de la niña? Paradero desconocido. Ni la propia abuela (madre del padre) sabía el paradero de su hijo. Sin embargo, antes de la desaparición del padre, la madre de la niña había hecho un viaje a su país, dejando a la niña con el papá. Debido a que la madre prolongó su viaje, el padre aprovechó para pedir una orden judicial que le diera la custodia de la niña. Argumentó que la madre había abandonado el hogar para irse con otro hombre a su país de origen. El juez le concedió la custodia. Semanas después, el propio padre desapareció. La niña se quedó con la abuela. Cuando la madre regresó, la abuela no quiso entregarle la niña; su pretexto era que el juez le había dado la custodia a su hijo, el padre de la niña. Ahora, el abogado de la abuela alegaba que, si la niña regresaba con la madre, sufriría un trauma psicológico, pues estaba apegada a su abuela. La madre alegaba que, si la niña se quedaba con la abuela, sufriría un trauma moral, pues allí todos eran hombres adultos, siempre llevaban mujeres de la calle a parrandear en la casa, y ese ambiente perjudicaba a la niña. El juez concedió toda la custodia a la madre, pues la ley concede prioridad a los padres, y no a los abuelos. Al salir del tribunal, la madre no cesaba de agradecer al juez: «¡Gracias, muchas gracias, señor juez, gracias, mil gracias!».

No te culpo si no pudiste seguir toda la historia. El asunto estuvo enredado.

Pero nuestra custodia ante Dios no tiene nada de complicado. Nuestro Padre que está en los cielos siempre nos ha reclamado como sus hijos, y nunca nos ha abandonado. «Yo te amo con amor eterno. Por eso te he prolongado mi misericordia» (Jeremías 31:3 RVC). «Ahora, así dice Jehová, Creador tuyo [...] y Formador tuyo: No temas, porque yo te redimí; te puse nombre, mío eres tú» (Isaías 43:1 RV60). Esta promesa debe ser abrazada a la luz de la cruz. Allí fuimos redimidos de toda verdadera acusación y justa condenación mediante el sacrificio de Cristo en nuestro lugar. Con su obra, nos hace suyos y nos coloca bajo su custodia. Cualquier cosa que nosotros hagamos es inútil. Solo la obra perfecta y completa de Cristo responde a su demanda de hacernos suyos. Por eso es cierta la siguiente promesa que encontramos en el texto de Isaías. Revela el profundo significado de la obra redentora de Dios en Cristo: «Cuando pases por las aguas, yo estaré contigo, y si por los ríos, no te anegarán; cuando pases por el fuego, no te quemarás, ni la llama te abrasará. Porque yo soy el Señor tu Dios [...] tu Salvador» (Isaías 43:2–3 RV60). Estas promesas nos dan la confianza de que el fundamento de nuestra fe se mantendrá firme. El centro de nuestra fe no se moverá bajo ninguna circunstancia. El meollo de nuestra fe permanece bajo la custodia de Cristo. Nuestra fe no está anclada ni protegida por nuestras emociones, o porque «sentimos el poder de Dios en nuestras vidas». En lugar de eso, está anclada y protegida por la obra de Cristo, la cual se incrustó en la historia de la humanidad. No importa lo que nos suceda, no importa el mal que quiera arrasar con nuestra fe, la obra de Cristo por nosotros permanecerá intacta. Dios jamás revocará su decreto de «¡Perdonados!». Su perdón fue vertido en la cruz a nuestro favor.

Quienes no confían solamente en la obra de Cristo están presentando una petición de autocustodia. Cuando confiamos en nosotros mismos, en nuestras propias obras, no importa cuán llenas de amor y generosidad estén, saboteamos la obra de Cristo a nuestro favor. Le restamos eficacia. Y una vez que la degradamos así, su obra es inútil para nosotros. Mezclamos dos cosas que, cuando se combinan, se anulan mutuamente.

La custodia propia, en vez de la custodia divina, invierte la promesa: «Cuando pasemos por las aguas, nadaremos hasta llegar al otro lado. Cuando venga el aluvión, cruzaremos por encima del barro, los troncos, las rocas. Cuando pasemos por el fuego, ¡soportaremos las quemaduras!». Este tipo de custodia propia, basado en el esfuerzo propio, no es más que humanismo. Funciona solamente hasta que los remolinos nos hunden, o el humo y las llamaradas nos asfixian y ciegan. Además, no sirve de nada para los débiles y enfermos, aquellos que no pueden nadar ni correr para atravesar las llamas. Hay algunos que creen fervientemente en la custodia propia. Creen que le sacan más provecho a la vida estando separados de Dios, o de cualquier cosa que les recuerde a Dios, o su origen en él. De hecho, ellos niegan que su pasado, presente o futuro tenga algo que ver con Dios. Otros piensan que serán custodiados por sus esfuerzos religiosos. Pero en la cruz Dios entregó la vida de su Hijo para obtener nuestra custodia. Allí, él dijo: «No importa lo que pienses o creas, ni cuán lejos te vayas: jamás podrás huir de mi presencia. Aun en tu incredulidad, mi Espíritu te alcanza y reclama tu custodia (Salmo 139:7). En la cruz vertí mi sangre para tenerte bajo mi custodia por siempre, y no fue en vano. ¡Triunfaré sobre tu vida!». «No temas, estoy contigo. Yo soy tu Dios, no tengas miedo. Te fortaleceré, sí, te ayudaré. Te salvaré con mi mano victoriosa» (Isaías 41:10 BLP).

El enemigo de nuestras almas también reclama nuestra custodia.

Nos echa en cara nuestro enojo, odio, amargura, envidia, lujuria. Alega que nos parecemos tanto a él, que se merece nuestra custodia. Argumenta que no merecemos ser hijos de Dios, y mucho menos su gracia y misericordia. Que esos son regalos de Dios reservados para un grupo muy pequeño que jamás se ha desviado de él, y que nunca lograremos formar parte de ese grupo. Que tendremos que pagar por nuestros pecados en esta tierra si algún día Dios ha de compadecerse de nosotros para siquiera ver si merecemos su custodia. Sin embargo, este enemigo es un mentiroso, y padre de mentiras. La verdad es que Jesucristo es el hombre fuerte de Dios, quien entró en la casa del antiguo hombre fuerte, y en la cruz saqueó esa casa y nos liberó a todos. En la resurrección, él nos tomó junto a sí mismo y nos llevó al regazo del Padre. Puesto que estas son las obras de Cristo, las cuales no pueden deshacerse, su promesa es: «Yo les doy vida eterna; y no perecerán jamás, ni nadie las arrebatará de mi mano» (Juan 10:28 RV60).

30

La mano le temblaba con la navaja...

«Mas él herido fue por nuestras rebeliones, molido por nuestros pecados; el castigo de nuestra paz fue sobre él, y por su llaga fuimos nosotros curados. Todos nosotros nos descarriamos como ovejas, cada cual se apartó por su camino; mas Jehová cargó en él el pecado de todos nosotros» (Isaías 53:5–6 RV60).

—La mano le temblaba, a escasos centímetros de mi garganta. En eso entró la niña de once años, y le gritó: «¡Papá! ¿Qué estás haciendo? ¡Suelta a mi mamá!». —Después de más de treinta años interpretando en los tribunales, aún me conmueven esos terribles momentos con los testigos. En esta ocasión, la señora testificaba ante el jurado del abuso que su esposo borracho había cometido contra ella esa vez. La había tumbado en el suelo, y poniendo una rodilla sobre su pecho, sacó la navaja y amenazó con matarla. «¡Yo sé que, tan pronto como salgo a trabajar, se meten hombres aquí contigo! ¿Quiénes son?». Y, seguidamente, la señora describió cómo él la había violado mientras ella sentía su aliento de licor agrediendo su cara. Sus palabras apenas podían salir, entre sollozos y gemidos. A cierta distancia, el acusado miraba impávido hacia otro lado. Al fondo de la sala, entre el público, una desdeñosa sonrisa se dibujaba en el rostro de la amante del acusado. Parecía que disfrutaba del dolor de la mujer envuelta en sollozos. —

Esto pasó más de una vez, señor juez. En otras ocasiones, a pesar de mi terror, yo le decía que él siempre había sido mi único hombre. Pero me respondía dándome cachetadas que dejaban sus dedos marcados en mis mejillas por varios días. Así me pagaba los diecisiete años que estuve con él, y los cinco hijos que le di, pero ¡basta! ¡Ya no más! ¡Se acabó!

La traumatizante experiencia de esta mujer me recuerda a otra víctima de abuso físico y verbal: la pasión de Jesús, el Cristo, su tortura y muerte por crucifixión. Su cuerpo fue violentamente azotado por el látigo romano. Su pureza fue ofendida por incontables vulgaridades, bofetadas, burlas, y finalmente la desnudez que lo expuso a la vergüenza. También los soldados debieron de apestar a vino barato, sudor, sangre, y a la inmundicia de sus botas. Obviamente todo esto es demasiado detallado y algunos lectores querrán volver la hoja. Pero ni siquiera comienza a describir esa horrible escena. Y para aumentar su dolor, el enemigo se burlaba: «Si eres el Hijo de Dios, ¿por qué permites todo este abuso? ¿Significa, tal vez, que has sido abandonado por tu "Padre"? La verdad es que no eres ningún Hijo de Dios. Eres tan solo un impostor, un charlatán. Perdiste toda tu vida enseñando del amor y esa mentira de poner la otra mejilla. Mírate, ¿el Hijo de Dios, con esa facha? ¡Ni siquiera puedes defenderte como un hombre! Pero no es demasiado tarde. Solo debes gritar que estabas equivocado, que quieres hacer las paces con los líderes religiosos, disculparte por haberlos ofendido, y te bajarán de la cruz. Y luego, ¡a servirles! ¿Acaso no hablabas del servicio, y de recorrer la segunda milla? Anda, pues, y corre esa segunda milla bajando de la cruz. Y ¿tus seguidores? ¿Dónde están? No tienes quien te defienda. ¿Dónde están las multitudes que comieron de tu magia? ¿Dónde está el movimiento que iniciaste? Te has quedado solo. Tanta gente que te conoció, tanta gente que dijo haber sido sanada por ti. Pero ¿es verdad? ¿Cómo es que ahora no están aquí para animarte? Nadie da la cara por ti. ¡Toda tu vida ha sido un desperdicio!

Solamente las víctimas de abuso se podrán identificar tan estrechamente con los sufrimientos de Cristo. Podrán ver, de una manera muy particular, que Cristo también se identifica con ellos. Pero la comparación llega hasta ahí. Los sufrimientos de Cristo fueron redentores. En los sufrimientos de las víctimas de abuso no hay nada redentor. Nadie debe pensar que, al ser abusado, está redimiendo o pagando algo; tampoco debe pensar que lo merecía, o culparse por el maltrato de otro. Tampoco es la voluntad de Dios que alguien sea maltratado, ni siquiera una sola vez. El abusador debe ser reportado de inmediato a las autoridades; no importa quién sea ni cuáles sean las consecuencias. La ley civil lo declara un delito, y la ley de Dios lo prohíbe con el mandato «No matarás». Cualquier abuso físico es un preludio del asesinato, y según Jesús explicó la ley, el odio que propulsa el maltrato ya es homicidio. La víctima cargará toda su vida con las cicatrices físicas y emocionales; dolorosos recordatorios de maltratos que jamás deben repetirse. Aun más, las células de la memoria traerán los dolorosos recuerdos en cualquier momento. Nadie merece nada de esto, ni tampoco el hecho de soportarlo redime error u ofensa alguna.

Pero la pasión de Cristo sí fue redentora. «Ciertamente llevó él nuestras enfermedades, y sufrió nuestros dolores; y nosotros le tuvimos por azotado, por herido de Dios y abatido. Mas él herido fue por nuestras rebeliones, molido por nuestros pecados; el castigo de nuestra paz fue sobre él, y por su llaga fuimos nosotros curados. Todos nosotros nos descarriamos como ovejas, cada cual se apartó por su camino; mas Jehová cargó en él el pecado de todos nosotros» (Isaías 53:5–6 RV60). Entonces ¡basta! ¡Ya no más! ¡Se acabó! Reclama tu libertad de todos tus abusadores y refúgiate bajo sus alas.

31

El matrimonio legítimo pero inmoral

«Y ser hallado en él, no teniendo mi justicia, que es por la ley, sino la que es por la fe de Cristo, la justicia que es de Dios por la fe» (Filipenses 3:9 RV60). «Este es Su nombre por el cual será llamado: "El Señor, justicia nuestra"» (Jeremías 23:6 RV60).

—Señor juez, todo lo que quiero es que usted le diga a este fulano que ya no quiero nada más con él, que por eso me divorcié. —Pero señora, usted me pide una medida de protección, y eso requiere que usted me convenza de que ha sido herida o lastimada, o amenazada de muerte. —Es que siempre se acerca a mi casa, y frente a mi familia me dice que nos va a deportar a todos, que nos va a delatar a las autoridades, que todos somos unos ilegales, y hace lo mismo en mi trabajo. —Pero todavía no veo las lesiones en el cuerpo, los moretones, rasguños, cortaduras, ni me ha mencionado una amenaza de muerte. —¡Es que para mí es como si fuera todo eso y más, señor juez! —Pues, cuénteme, con lujo de detalles. —Me da vergüenza, pero aquí va. Me casé con este señor porque me prometió que solo me daría los papeles migratorios, pero que no habría intimidad, ni tampoco conviviríamos. Pero no fue así. Él no cumplió su promesa. Él quería que fuera su esposa a toda costa. Y yo no quería, ¡pero él me obligaba por la fuerza! No me gusta ese señor como esposo, amigo, amante, ¡ni como nada! ¡Lo aborrezco! Y ahora que fui y me divorcié, aparece reclamando que, si no vuelvo con él, nos va a delatar a todos a inmigración. Tampoco fue una amenaza vacía. Un día se apareció en mi casa con inmigración, y ¡ahora nos están investigando a todos! Es un terror, ¡dígale que se vaya, que nunca más lo quiero ver en mi vida!

Se nos hace difícil empatizar con la mujer, ¿verdad? Es un riesgo que asumió, y cuando las fichas cayeron, perdió la apuesta. Técnicamente, la ley defendía los derechos del hombre como esposo. No habían firmado ningún contrato prenupcial, y la mujer no podía dar pruebas del contrato verbal que alegaba. Las firmas en el certificado de matrimonio habilitaban la conducta inmoral del hombre con la mujer. Aunque el hombre no estaba actuando al margen de la ley, había valores de una moral más alta que estaba pasando por alto. Por ejemplo, el respeto, el honor, la dignidad y la compasión.

En su situación, había una moral mucho más alta que la prescrita por la ley. Pero la ley matrimonial, a pesar de su supuesta moral elevada, hacía caso omiso del abuso que sufría la mujer. Y asimismo, pasaba por alto la vengativa denuncia del hombre ante las autoridades migratorias. Como ciudadano, estaba en todo su derecho. Pero la ley enmudecía ante su intención de venganza.

Sin embargo, nosotros no desistimos fácilmente de culpar a la mujer por su «acto inmoral» de contraer nupcias fraudulentas solo para resolver su situación migratoria. «Ella debería haberse dado cuenta de los líos en los que se estaba metiendo». «Si ella no hubiera quebrantado la ley, no habría caído en tal enredo. ¡Ella realmente se lo merecía!». Ese es nuestro juicio un tanto altisonante.

Jesús también tuvo que lidiar con un dilema similar ante los fariseos. Ellos eran minuciosos y exigentes en el cumplimiento de la ley. Sin embargo, por debajo de su celo por la ley, encubrían su inmoralidad: específicamente, su intención asesina de acabar con Jesús. Por eso mismo, Jesús los dejó expuestos: «Porque os digo que si vuestra justicia no supera la de los escribas y fariseos, no entraréis en el reino de los cielos» (Mateo 5:20 RV60). Necesitamos mirar por encima de nuestros juicios un tanto presumidos sobre el cumplimiento de la ley. Nuestra mirada debe fijarse en una moral más alta; en una justicia que supere cualquier moral. Con esa moral de justicia sobreabundante, Dios sí podrá declararnos justos ciudadanos de su reino. Pero ¿cómo alcanzarla?

Ojalá tuviéramos una grabación en video de cuando Jesús pronunció esas palabras ante quienes lo rodeaban. Lo veríamos señalando a toda la multitud con un dedo censurador: «Si vuestra justicia no supera la de los escribas y los fariseos, no entraréis en el reino de los cielos». Pero los escribas y fariseos eran estrictos cumplidores de la ley. En este caso, Cristo estaría diciendo: «A menos que seáis más estrictos que los más estrictos en guardar la ley, ¡no tenéis esperanza alguna!». Pero esto solo sería una moral a la altura de las demandas más rigurosas de la ley. No sería superior. En tal caso, Cristo no sería ningún salvador sino un nuevo y más exigente Moisés.

Imaginemos un video diferente. En él, Jesús el Mesías se dirige a la multitud con las mismas palabras. Pero cuando llega a la frase «vuestra justicia», en vez de señalar a la muchedumbre, se señala a sí mismo. Como si estuviera diciendo: «Yo soy vuestra justicia, y puesto que mi justicia excede y supera a la justicia moral de la ley así como el cielo supera a la tierra, ¡vosotros entraréis en el reino de los cielos!». En este caso, Cristo se presenta como la única justicia que superó toda ley, porque cumplió la ley del amor al dar su vida por nuestros pecados. Su perfecta justicia reemplaza nuestra imperfecta justicia. Su muerte es nuestra muerte. Su resurrección es la nuestra. Y «estamos completos en él» (Colosenses 2:10 Paráfrasis del autor).

Tiene que haber sido una de estas dos escenas. En la primera, Jesús coloca sobre nosotros la carga de superar la ley. En la segunda, Jesús la coloca sobre sus propios hombros. Aun más, él mismo dice que es nuestra justicia, y nos la regala toda solo por fe, su propia fe. Así es como le fue revelado al apóstol Pablo, pues deseaba «ser hallado en él, no teniendo mi justicia, que es por la ley, sino la que es por la fe de Cristo, la justicia que es de Dios por la fe» (Filipenses 3:9 RV60). Así también le fue revelado al profeta Jeremías. Él profetizó del Mesías diciendo: «... este es Su nombre por el cual será llamado: "El Señor, justicia nuestra"» (Jeremías 23:6 RV60).

Y ¿qué dice el profeta sobre nosotros? «Ellos dirán de mí: "Solo en el Señor están la justicia y el poder"» (Isaías 45:24 NVI).

32

Me dejó en la calle, bajo ese sol ardiente, con mi niño

> «El Dios que hizo el mundo»... «por medio de la sangre de Cristo nos [ha] redimido de todo linaje y lengua y pueblo y nación» (Hechos 17:24 RV60; Apocalipsis 5:9 RV60).

La joven pareja tenía un niño de cinco años. El esposo, en vez de encontrar felicidad en su esposa y su hijo, se dedicó al alcohol, las drogas y las mujeres. Además, quiso llenar sus bolsillos con ventas esporádicas de drogas. Sin embargo, una de sus ventas salió mal. Entregó la mercancía, pero no le pagaron. Quedó debiendo veinte mil dólares al traficante, quien lo amenazó de muerte, a él y a su familia. No pudiendo saldar la cuenta, decidió escapar a los Estados Unidos con su esposa e hijo. En el nuevo país, los problemas no cesaron. Bebía más, y por cualquier cosa amenazaba con deportar a su esposa y quitarle al niño. Fue un reino de terror: golpes, maltrato verbal, humillaciones, violación sexual. Ella le rogaba que dejara el alcohol. Él respondía con más violencia y alcohol. Finalmente, la echó de la casa. Ella había ido al mercado, y cuando regresó, las puertas estaban con llave. Afuera, la temperatura alcanzaba los 44º C. «¡Lárgate! Ahora te van a deportar, la policía te va a encontrar, te van a acusar de maltrato infantil, y ¡nunca más podrás molestarme!». Saciando su sed solo con lágrimas, comenzó a caminar por la calle ardiente. Recordó que había una estación de bomberos cerca. Decidió arriesgarse con ellos para proteger al niño. Una vez allí, contó todo lo sucedido. Los bomberos llamaron a la policía, quienes de inmediato la llevaron a un refugio para mujeres víctimas de maltrato. Sus peores pesadillas nunca se cumplieron. Encontró refugio y gracia donde menos lo esperaba. Además, se vio amparada por una ley que protege a las víctimas de malos tratos, y pocos meses después, ella y el niño fueron recibidos legalmente en el país con miras a obtener la ciudadanía. Sus peores temores se convirtieron en sorpresivas bendiciones. En cambio, el hombre fue arrestado por maltrato infantil, la policía encontró sus vínculos con el narcotráfico, y fue enviado a la prisión federal por diez años, al cabo de los cuales sería deportado.

La Escritura relata que Abraham, el padre de la fe, en un gran desliz, concibió a Ismael con Agar, la sierva de Sara, su mujer. Dios les había prometido un heredero, pero por medio de Sara, no de su sierva. Sin embargo, la pareja no confió en la promesa de Dios —les parecía imposible a su edad— y se inventaron el amorío con Agar. Pero la Escritura dice que «todo lo que no es de fe, es pecado» (Romanos 14:23 RV60). En este caso, esa falta de fe casi destruyó su hogar. La infertilidad de Sara no desapareció, y el hijo de ese amorío no les trajo la felicidad esperada. Las cosas fueron de mal en peor: celos, humillaciones, rencores, burlas, desprecios. Hasta que, un día, Sara le dijo a Abraham: «Escoge: ¡O la echas a ella, o me echas a mí!». Con el corazón destrozado, Abraham hizo caso al reclamo de Sara y envió a Agar con su hijo fuera del hogar, al desierto. Quedaron desamparados en la ardiente arena del desierto palestino. La Escritura relata lo que sucedió:

> Se levantó, pues, Abraham muy de mañana, tomó pan y un odre de agua y los dio a Agar poniéndoselos sobre el hombro, y le dio el muchacho y la despidió. Y ella se fue y anduvo errante por el desierto de Beerseba. Y el agua en el odre se acabó, y ella dejó al muchacho debajo de uno de los arbustos, y ella fue y se sentó enfrente, como a un tiro de arco de distancia, porque dijo: Que no

> vea yo morir al niño. Y se sentó enfrente y alzó su voz y lloró. Y oyó Dios la voz del muchacho que lloraba; y el ángel de Dios llamó a Agar desde el cielo, y le dijo: ¿Qué tienes, Agar? No temas, porque Dios ha oído la voz del muchacho en donde está. Levántate, alza al muchacho y sostenlo con tu mano; porque yo haré de él una gran nación (Génesis 21:14–18 RV60).

La misericordia de Dios alcanza a los hijos de la infidelidad y el pecado, los abandonados, rechazados, humillados, desposeídos, despreciados, deportados, y exiliados; a los que tienen hambre y sed de justicia. Dios escucha el clamor de estos niños y sus padres. «El Dios que hizo el mundo [...] por medio de la sangre de Cristo nos [ha] redimido de todo linaje y lengua y pueblo y nación» (Hechos 17:24 RV60; Apocalipsis 5:9 RV60). Ten ánimo cuando te encuentres en tu valle de falta de sombra donde acecha la muerte. Tú y los tuyos han sido redimidos y abrigados bajo la sombra de las alas del Omnipotente, ¡para siempre!

33

Me dió vergüenza decir todo lo que le permití hacerme

> «Padre, perdónalos porque no saben lo que hacen» (Lucas 23:34 RV60). «Por cuanto [Jesús] derramó su vida hasta la muerte, y fue contado con los pecadores, habiendo él llevado el pecado de muchos, y orado por los transgresores» (Isaías 53:12 RV60).

Cierto día, una mujer compareció ante el juez solicitando una orden de alejamiento contra su marido. Tímidamente respondió las preguntas del juez detallando las dos veces que él la había agredido. —Hace dos años me empujó contra el motor de un coche ahí en el garaje. Me hice un corte en la cabeza y me dieron cinco puntos de sutura. La otra fue esta última, cuando llegó a casa y me vio hablando por teléfono. Me arrebató el teléfono de la mano y me dio una bofetada que me mandó al piso. —Su voz se perdía entre los sollozos. Luego, el juez pidió al esposo que respondiera. —Sobre lo del motor, estábamos discutiendo; ella se me tiró encima, yo me moví y ella cayó sobre el motor. Eso no fue mi culpa. —En ese momento, algo captó mi atención. Las manos de la señora temblaban sin control sobre su falda. Él continuó: —Lo de la bofetada es una gran mentira. Sí, ella estaba hablando por teléfono en vez de venir a saludarme. Era mi teléfono; yo solo fui a reclamarlo, y sí, se lo quité de las manos. —Las manos de la señora temblaban aun más y las restregaba fuertemente la una contra la otra. El juez concedió la orden de alejamiento, y salimos de la sala. Afuera, la señora me dijo: —Disculpe que mis manos temblaban tanto. —Dígame, y ¿por qué razón? —Es que dije una mentira. —¿Sí? Y ¿por qué? —Porque no me pegó solo esas dos veces; han sido tantas que perdí la cuenta. Al final me cansé, y por eso llamé a la policía. —Pero ¿por qué no se lo dijo al juez? —¡Es que me dio vergüenza contar todo lo que dejé que me hiciera ese hombre!

Desgraciadamente, esta historia se repite en muchas víctimas de abuso doméstico. A veces, es demasiado tarde para las víctimas, y mueren a manos de su esposo o esposa. La ley provee órdenes de alejamiento, que se encuentran disponibles para todos.

Es evidente que, cuando los evangelios narran los sufrimientos corporales de Jesús a manos de los verdugos romanos, y luego en su crucifixión, no relatan todo lo que sufrió. Ciertamente, no se ha contado toda la historia, y seguirá siendo así —al menos por ahora—.

Hay muchos recuentos científicos que intentan recrear los sufrimientos de Cristo: en el patio de Pilato, cuando lo ataron al poste para azotarlo; luego, en la Vía Dolorosa; y finalmente, en la cruz del Calvario. Solamente Cristo sabe lo que sintió, y decidió no revelarlo. De haber sido necesario para nuestra salvación, lo habría hecho. Conocer detalladamente sus sufrimientos corporales no nos llevaría a la fe, sino a la lástima. Y la lástima no procede de la fe. La lástima lleva al repudio, o en el mejor de los casos, a la empatía. Pero no a la fe.

Después de su resurrección, Cristo dio un recuento de sus sufrimientos que sí conduce a la fe. Se encuentra en Lucas 24. Sin embargo, lo que resalta no fue lo que sufrió, ni cómo pudo vencer el dolor. Jesús se concentra en el *significado* de sus sufrimientos y muerte, y ese significado es lo que conduce a la fe. «Cuando aún estaba con ustedes, ya les advertí que tenía que cumplirse todo lo que está escrito acerca de mí en la ley de Moisés, en los libros de los profetas y en los salmos. Entonces les abrió el entendimiento para que pudieran comprender las Escrituras, y les dijo: "Así está escrito, y así era necesario, que el Cristo padeciera y resucitara de los muertos al tercer día, y que en su nombre se predicara el arrepentimiento para el perdón de los pecados en todas las naciones"» (Lucas 24:44–48 RV60).

Entonces, no se trata de *cómo* sufrió, sino de *por qué* sufrió. Fue para darnos «arrepentimiento para el perdón de los pecados».

Pero, alto ahí. Esa frase no tiene sentido. Según nuestra lógica, debería ser «arrepentimiento para que tus pecados sean perdonados», o «tus pecados serán perdonados si te arrepientes». Pero «arrepentimiento para el perdón de los pecados» indica que el arrepentimiento nos será dado *como consecuencia* de sus sufrimientos. Él sufrió para darnos arrepentimiento. Pero ¿arrepentirnos de qué? Arrepentirnos de creer que nuestros pecados son demasiados y demasiado grandes y numerosos para ser perdonados. Arrepentirnos de creer que no merecemos el perdón. Arrepentirnos de pensar que nuestros pecados son demasiado escandalosos para ser perdonados, y que por ello debemos hacer cosas exageradas para pagar por ellos. Arrepentirnos de pensar que no hay Buenas Nuevas para nosotros.

Pero ¿qué significa «arrepentimiento»? En el griego del Nuevo Testamento, la palabra es *metanoia.* Uno de los significados literales es «más allá de lo que estás pensando». Arrepentimiento significa pensar más allá de lo que has estado pensando sobre lo que Dios ha hecho por ti en Cristo. Significa pensar más allá de lo que has estado pensando, y luego creer que encontrarás el arrepentimiento en sus sufrimientos, y no en tus obras de penitencia. Pero ¿cómo puede ser? ¿Cómo funciona eso?

Dejemos que la Escritura lo explique. «Pero él fue herido por nuestras transgresiones, molido por nuestros pecados. El castigo que nos trajo paz fue sobre él, y por sus heridas fuimos nosotros sanados. Todos nosotros nos descarriamos como ovejas; cada cual se apartó por su camino. Pero el Señor cargó en él el pecado de todos nosotros» (Isaías 53:5–6 RV60). «Por la transgresión de mi pueblo fue herido»; «Cuando se haya puesto su vida como sacrificio por la culpa»; «Fue contado entre los transgresores, habiendo él llevado el pecado de muchos e intercedido por los transgresores» (Isaías 53:8, 10, 12 RV60).

Pero ¿cómo sucedió todo eso? ¿Cómo se «cargó en él el pecado de todos nosotros»? No lo sabemos. Es un misterio que Dios se ha reservado. Pero se nos dice que nuestra maldad y sus eternas consecuencias fueron cargadas sobre él. Su sufrimiento fue por «la transgresión de su pueblo». Piénsalo. Su pueblo transgrede. Él les levanta esas transgresiones, sus pecados y defectos, y son cargados sobre él. Él hace de su vida una ofrenda por el pecado — reemplazando todas las ofrendas del pecado del Antiguo Testamento, y cualquier ofrenda por el pecado que cualquiera quisiera presentar a lo largo de la historia. Llevó el pecado de incontables «muchos». Sus sufrimientos fueron vicarios, en nuestro lugar, nos sustituyó. Nosotros no tuvimos nada que ver con el perdón de nuestros pecados. Ni tampoco podemos afectar ni cambiar lo que él ya hizo para perdonarnos.

Así es como sus sufrimientos generan fe y arrepentimiento en nosotros. Nos dan la confianza de que nuestros pecados fueron perdonados en la cruz. Pero hay más. Nuestra persona completa, nuestro propio ser pecador, toda nuestra historia —desde nuestro primer aliento hasta el último— ha sido eternamente perdonada.

Así que no es lástima. Hemos sido conquistados por la fe en sus sufrimientos, y ¡no nos avergonzamos de decir todo lo que él ha hecho por nosotros!

34

Inventé todo el cuento

> «Mirad cuál amor nos ha dado el Padre, para que seamos llamados hijos de Dios [...] pero sabemos que cuando él se manifieste, seremos semejantes a él, porque le veremos tal como él es» (1 Juan 3:2 RV60).

Aunque apenas alcanzaba los cincuenta años, el señor tenía un aspecto frágil y delicado. Se movía y expresaba como un anciano de varias décadas más. En su traje naranja de recluso y con amarras lucía más vulnerable e impotente. Era difícil entender sus palabras entrecortadas. «Yo no hice nada de lo que me acusan. Todo es un malentendido. Hablen otra vez con mi esposa y la muchacha. Más bien, yo fui el agredido». El informe policial decía lo contrario. Cuando la policía llegó, la muchacha de quince años, furiosa, contó cómo su papá la había empujado contra la pared, le había dado un puñetazo en la cara, y luego la había golpeado varias veces en la cabeza con un palo de escoba. Eran acusaciones serias, delitos graves, y con la agravante de haber usado un arma (el palo de escoba). La policía arrestó al hombre a pesar de que la joven no tenía marcas de tal golpiza. Pero ahora en el tribunal, el acusado se enfrentaba a muchos años de prisión. Una señora se me acercó y me dijo que quería hablar con la fiscal. A su lado había una adolescente vestida con pantalón de mezclilla y suéter. La muchacha habló primero. «Yo soy a quien llaman "la víctima"», dijo. «Pero las cosas no pasaron como dice la policía. Fui yo la que agredió a mi papá. Es que no quería limpiar mi cuarto. Me enojé con él porque no me dejaba en paz. Inventé todo este cuento para que no se metiera más conmigo, pero ahora estoy arrepentida de lo que hice. Eché una mentirota. La policía no tomó fotos ni nada porque no tenía ninguna marca». En el juicio, el jurado no quedó convencido. No pudieron declararlo culpable ni inocente. Sin embargo, la fiscalía dijo inmediatamente que volverían a presentar cargos en su contra y juzgarlo. La joven se cubrió el rostro con las manos mientras se sacudía de llanto y sollozos. «Soy tan mala, soy tan mala», repetía.

Muchas veces las víctimas de abuso físico o sexual no han inventado nada. Todas sus acusaciones son verdaderas. Pero se desdicen cuando ven que sus acusaciones tendrán graves consecuencias para el perpetrador del delito, especialmente si es un miembro de la familia. Por más verdaderas que sean las acusaciones, tratan de retirarlas. Por otro lado, hay también presuntas víctimas que acusan falsamente. Cuando ven que sus mentiras causarán mucho daño al papá, al tío, o al abuelo, en vano intentan retirar sus acusaciones. Muchas veces una persona falsamente acusada es condenada hasta con cadena perpetua por delitos que jamás cometió.

En el tribunal de Dios, todas las acusaciones contra nosotros son ciertas. Estos no son los cargos con los cuales Satanás, el padre de mentiras, nos acusa. Sus cargos siempre tienen algo de verdad y algo de mentiras. Él exagera nuestras obras malas o infla las buenas. Pero los cargos verdaderos son aquellos con los cuales nos acusa la ley de Dios. En particular, el resumen de la ley: «Amarás al Señor tu Dios con todo tu corazón, con toda tu alma, y con toda tu mente. Éste es el primero y más importante mandamiento. Y el segundo es semejante al primero: Amarás a tu prójimo como a ti mismo» (Mateo 22:37–39 RV60). Pero si resumimos el resumen, las acusaciones aprietan más. «Debes vivir así: Ama a Dios; ama al prójimo».

¿Amar a Dios? ¿De qué color es eso? ¿Cómo se siente? ¿Cómo lo podemos medir? ¿Cuánto amor a Dios se necesita? ¿Cómo podemos amar a Dios si no podemos verlo ni tocarlo? ¿Cómo podemos amar a

Dios con todo nuestro corazón, si nuestro corazón es más engañoso que todo, y perverso? (Jeremías 17:9). Y ni hablar de nuestra alma, ¡que fue concebida en delitos y pecados! Y ¿qué de nuestra mente? Pues, como los antediluvianos, ¡«todo designio de los pensamientos de nuestro corazón es de continuo solamente al mal»! (Génesis 6:5 Paráfrasis del autor). Cuando de veras comprendemos el mandato de amar a Dios y al prójimo, ansiosamente preguntamos: «Señor, si te fijaras en nuestros pecados, ¿quién podría sostenerse en tu presencia?» (Salmo 130:3 RVC). O decimos, con Pablo: «Y para estas cosas, ¿quién es suficiente?» (2 Corintios 2:16 RVC). O, con David, rogamos: «Y no entres en juicio con tu siervo; porque no se justificará delante de ti ningún ser humano» (Salmo 143:2 RV60).

Cristo le dijo a Felipe: «El que me ha visto a mí, ha visto al Padre» (Juan 14:9 RV60). No podemos tener la menor idea de lo que es amar a Dios sin conocer y mirar a Cristo. Dios no puede ser verdaderamente amado aparte de Cristo. La Escritura dice: «Dios estaba en Cristo reconciliando el mundo a sí mismo, no tomándoles en cuenta a los hombres sus pecados» (2 Corintios 5:19 RV60). El apóstol Juan nos habla al corazón: «En esto consiste el amor: no en que nosotros hayamos amado a Dios, sino en que él nos amó a nosotros, y envió a su Hijo como propiciación por nuestros pecados. Amados, si Dios nos ha amado así, también nosotros debemos amarnos unos a otros [...] Nosotros le amamos a él, porque él nos amó primero» (1 Juan 4:10, 11, 19 RV60). Amamos a Dios al ver a Cristo cargando nuestros pecados y derramando su vida por nosotros. Luego, en la resurrección, nos tomó consigo llevándonos a la presencia del Padre. Es aquí cuando despierta en nosotros el amor a Dios, y luego nos volcamos hacia nuestro prójimo con el mismo amor y compasión. No podemos amar al prójimo separados de la misericordia que se nos entregó en la cruz.

Pero aun así, nuestro amor por Cristo y el prójimo siempre serán deficientes. A fin de cumplir el mandamiento del amor, debemos aferrarnos al amor de Cristo por nosotros, confesando que ya es nuestro. El mandato del amor a Dios y al prójimo solo se cumple por la fe en la plenitud del amor de Cristo por nosotros. Él fue la esencia misma del amor de Dios aquí en la tierra. Y, por gracia, él cuenta su amor por nosotros como si fuera nuestro. La niña de nuestra historia cubrió su rostro con remordimiento, repitiendo: «Soy tan mala, soy tan mala». Pero el brazo tierno de Dios nos abraza y su voz nos llama a repetir: «¡Soy amado, soy perdonado!»

35

Mi madre necesitaba una cirugía al corazón

> «Pues todos han pecado y están privados de la gloria de Dios, pero por su gracia son justificados gratuitamente mediante la redención que Cristo Jesús efectuó» (Romanos 3:23–24 NVI). «Así que mi Dios les proveerá de todo lo que necesiten, conforme a las gloriosas riquezas que tiene en Cristo Jesús» (Filipenses 4:19 NVI).

El bus había cruzado la frontera. En pocos minutos llegaron a la estación. Al salir del bus, la policía fronteriza los esperaba con perros antidrogas. Olfateaban a los pasajeros y el equipaje. Uno de los perros se interesó en las dos maletas de un joven de veintidós años, y luego se sentó al lado de ellas, en señal de un hallazgo positivo. Otro sabueso se colocó al frente del muchacho, obstruyendo su paso. Detrás, llegaron los policías, hablaron brevemente con él, y lo llevaron a una sala de entrevistas en la estación.

Después de tomarle los datos personales, le pidieron que abriera las maletas. El joven movió la ropa de un lado a otro, pero el ojo experto del agente detectó el brillo del papel celofán. Moviendo la ropa hacia un lado, encontró tres panelas (o ladrillos) de heroína, y dos en la otra maleta. En total, eran cinco kilos y medio. En breve, fue llevado a la comisaría para ficharlo, y de allí, a la cárcel. Hoy se presentaba ante el tribunal para responder a los cargos de transporte ilícito de estupefacientes con agravante de peso superior a los cuatro kilos. El abogado le informó que se enfrentaba a ocho a diez años de cárcel. Luego, le preguntó si podía decir algo en defensa de sus acciones. «Vivimos en la pobreza. Mi madre necesitaba una cirugía al corazón. No teníamos seguro médico. Nadie nos podía ayudar. Un conocido me habló de esos muchachos. Solo me dijeron que llevara la carga hasta el otro lado y que me pagarían cien mil dólares. Eso cubriría los gastos de la cirugía. Ni siquiera me dijeron que era droga. ¿Acaso no entienden mi necesidad?».

El juez jamás se enteró de si la madre realmente necesitaba una cirugía al corazón, o si solo era una coartada. No era necesario que lo supiera. Lo que la ley sabía era que transportaba cinco kilos y medio de heroína. El fiscal supuso que era para la venta. A la ley no le importaba la cirugía de la madre. Y los comentarios de su abogado defensor tampoco fueron muy alentadores: «Te clavaron dos kilos de heroína y un par de perros sabuesos».

Ante el tribunal de Dios, hemos sido «clavados» por la prueba de nuestros pecados y el sabueso de la ley de Dios. A la ley no le importan nuestros pretextos para pecar. No toma en cuenta las razones de nuestras buenas obras ni los pretextos de las malas. Lo que llevamos dentro es pecado y rebelión, y la ley de Dios, el sabueso de Dios, las olfatea hasta sacarlas a la luz. Porque «la palabra de Dios es viva y poderosa, y más cortante que cualquier espada de dos filos. Penetra hasta lo más profundo del alma y del espíritu, hasta la médula de los huesos, y juzga los pensamientos y las intenciones del corazón» (Hebreos 4:12 NVI). Olfatea todo lo que no es de fe, y lo señala como pecado (Romanos 14:23). Hoy, la palabra «pecado» ha caído en desuso —convenientemente, para muchos—. No es «políticamente correcto» tildar las cosas de pecados. Evoca una imagen de culpa, vergüenza, y todo lo que la sociedad barre bajo su alfombra moral como inútil. La sociedad alega que el concepto de pecado debilita y atrofia el potencial humano de realizarse al máximo, y la libertad para alcanzar obras grandes y maravillosas. Sin embargo, al mirar a nuestro alrededor, preguntamos: «¿Hasta dónde hemos llegado con esas ideas?». El gran sabueso divino olfatea todo nuestro potencial humano para transformar y transformarnos, y lo juzga deficiente. Aun nuestras mejores intenciones son tóxicas de pecado. El mismo dedo que escribió sobre la pared del palacio de Belsasar, hoy escribe en todas nuestras mejores (y peores) redes sociales: «Pesado has sido en balanza, y has sido hallado falto» (Daniel 5:27 RV60).

Pero viendo que seríamos clavados a un futuro sin esperanza, hubo alguien que tomó esos clavos justo a tiempo, y los hizo suyos. Fue clavado en nuestro lugar por la carga de nuestros pecados y el sabueso divino de la ley de Dios. Esta es nuestra otra gran realidad. En él fuimos condenados a la prisión eterna. En su resurrección fuimos liberados. Él es el verdadero cumplimiento de toda capacidad humana, y ha sido hallado completo. Todo lo que es suyo es nuestro, solo por fe. Sí, Dios comprende nuestra suprema necesidad de perdón y justicia, y en Cristo ya ha provisto todo lo que necesitábamos. «El que no escatimó ni a su propio Hijo, sino que lo entregó por todos nosotros, ¿cómo no nos dará también con él todas las cosas?» (Romanos 8:32 RV60). Entonces, confiésalo; esa es tu nueva realidad para este día. «El Señor es mi pastor, nada me faltará» (Salmo 23:1 LBLA), pues mi Dios les proveerá de todo lo que necesiten, conforme a las gloriosas riquezas que tiene en Cristo Jesús» (Filipenses 4:19 NVI).

36

Las armas le recuerdan a su papá

> «Yo les doy vida eterna, y nunca perecerán, ni nadie podrá arrebatármelas de la mano. Mi Padre, que me las ha dado, es más grande que todos; y de la mano del Padre nadie las puede arrebatar» (Juan 10:28–29 RV60; 14:6 RV60; 16:27 RV60).

—Dígame en pocas palabras por qué quiere cambiar el nombre de sus tres hijos, señora. Ellos están grandecitos; pueden esperar hasta los dieciocho años. —Es una larga historia, señor juez, y no sé si usted tenga tiempo. —Intente resumirla —contestó el juez, impaciente. Poco después, ni siquiera pestañeaba. —Yo no sabía que mi pareja traficaba armas y drogas cuando me junté con él. Me deslumbró con su casa propia, piscina, joyas, coches, y sirvientas. Me dijo que era un hombre de negocios y que trabajaba en exportación. Yo era una jovencita, y él era mucho mayor. Sin pensarlo dos veces, me fui a vivir con él, y pronto quedé embarazada. En tres años tuve tres hijos, y después me dijo que ya no le servía. Discutíamos por todo. Él pasaba mucho tiempo en la casa de al lado, que también era suya. Nos tenía prohibido ir a esa casa. Una noche, cuando mi hijo menor tenía siete años, fue por curiosidad. Vio cosas horribles en la sala. Un hombre amarrado a una silla, y su papá, poniéndole una pistola en la cabeza, gritándole groserías y amenazándolo. El niño salió corriendo. Yo fui a mirar, y vi cosas peores. Parece que también traficaba mujeres jóvenes. Esa misma noche agarré a mis hijos, unas cuantas cosas y me fui de la casa. Ahora, ocho años después, ese niño está fascinado con las armas de fuego. Solo habla de armas, y de todo lo que podría hacer con ellas. Dice que las armas le recuerdan el nombre de su papá.

—Ahora entiendo la razón del cambio de nombre, señora. Usted piensa que, si les cambia el apellido a los niños, ellos se olvidarán de él. —Así es, señor juez. —El juez tan solo puso sus manos en su frente, mirando hacia un lado, obviamente conmovido por la historia. —Sus hijos necesitan más que un cambio de nombre, señora —respondió el juez. —Y ¿qué sería eso, su Señoría? —El juez hizo una breve pausa, como tratando de encontrar las palabras apropiadas. Finalmente, añadió: —Un cambio de papá, señora, un cambio de papá, y tal vez ya sea demasiado tarde...

Tal es nuestra situación. Somos pecadores. Preferimos deslumbrar con lo que no somos para esconder lo que somos en realidad. Nuestro antiguo padre es un experto en deslumbrar y fingir amor, pero es incapaz de un amor verdadero. Es por eso que necesitamos un nuevo padre. Y jamás es demasiado tarde para eso.

En cierta ocasión, Jesús describió la verdadera situación humana. «Ustedes son de su padre el diablo, y quieren cumplir con los deseos de su padre, quien desde el principio ha sido un homicida. No se mantiene en la verdad, porque no hay verdad en él. Cuando habla mentira, habla de lo que le es propio; porque es mentiroso y padre de la mentira» (Juan 8:44 RVC). Esas palabras son fuertes. Pensaríamos que Jesús estaba hablando en una reunión de paganos. Sin embargo, aquí se estaba dirigiendo a la gente más religiosa de su tiempo, los cuales, no obstante, estaban tramando su muerte. ¡Vivían una mentira! Por fuera pretendían ser líderes religiosos, pero en secreto, estaban maquinando un homicidio. Ciertamente eran hijos del diablo, en el cual no existe la verdad. Si tuviéramos acceso al calibrador moral del diablo, ¡el marcador de la verdad estaría en cero! ¡Nada de lo que vende, insinúa, o tienta, contiene una millonésima parte de verdad!

Esta es ciertamente la razón por la que necesitamos un nuevo padre. Las mentiras del diablo están impresas en nuestra mente. Por lo tanto, necesitamos un nuevo papá. Y por cierto, ¡lo tenemos! Por medio de Cristo, quien se hizo nuestro hermano para que tuviéramos el mismo Padre. Y así como no hay una millonésima parte de verdad en el diablo, no hay una millonésima parte de mentira en el Padre y el Hijo. Cuando Jesús dijo: «el Padre mismo los ama» (Juan 16:27 RVC), estaba diciendo que el amor de Dios por nosotros ¡no tiene la más mínima partícula atómica de desprecio! Todo lo que hay en el corazón de Dios no es más que amor por nosotros. Pero el embudo hacia el corazón del Padre es a través del Hijo, nuestro hermano Jesucristo. Él lo confirmó cuando nos enseñó a orar diciendo: «Padre nuestro que estás en el cielo» (Mateo 6:9 NVI). Luego añadió: «Nadie viene al Padre sino por mí» (Juan 14:6 RV60). Jesús es el camino al corazón del Padre. No porque el Padre sea exclusivo y no quiera relacionarse personalmente con nosotros, sino porque, separados de Cristo, nos haremos ideas falsas sobre el Padre. Pues «Dios estaba en Cristo reconciliando el mundo a sí mismo» (2 Corintios 5:19 RV60). En la cruz nos damos cuenta de la verdadera naturaleza del corazón del Padre, quien nos trae a sí mismo mediante un regalo que se encuentra fuera de nosotros. Ese regalo es la persona de Cristo, cuya vida, muerte y resurrección se cuentan como si en realidad fueran nuestras. En ese regalo conocemos el corazón del Padre hacia nosotros.

Cuando por la fe nos aferramos al Hijo, llegamos al regazo del Padre, y en el seno del Padre y del Hijo, somos amados y arrullados eternamente. «Y yo les doy vida eterna; y no perecerán jamás, ni nadie las arrebatará de mi mano. Mi Padre, que me las dio, es mayor que todos, y nadie las puede arrebatar de la mano de mi Padre» (Juan 10:28–29 RV60).

Antes, como el niño de nuestra historia, nos fascinaban las armas de nuestro otro padre, el mentiroso. Él nos sedujo con sus grandiosas declaraciones sobre sí mismo. Ah, y también con sus armas: odio, lujuria, enojo, avaricia.

Pero nuestro Padre celestial ha conquistado nuestro corazón únicamente con su amor. Un amor que también lo llevó a la cruz, pues en la oscuridad del Calvario, Dios estaba presente cubriendo al Hijo, y reconciliando a toda la creación.

De tal modo que tenemos un Padre, un Papá, que nos cuida tiernamente y mucho más de lo que jamás podríamos saber e imaginar. Nunca es demasiado tarde. Y es que nunca lo ha sido. Desde antes de la creación del mundo, ¡ya teníamos Papá!

37

Mira la cara de Dios

> «He aquí que yo crearé nuevos cielos y nueva tierra donde mora la justicia [...] y de lo primero no habrá memoria, ni más vendrá al pensamiento...» (Isaías 65:17 RV60; 2 Pedro 3:13 RV60).

—Esta carta le fue retirada a un preso en su celda. Creemos que contiene información en clave sobre su plan de escape. Fue escrita por su madre. Creemos que señala la persona que lo ayudará a escapar. Necesitamos que la traduzca para usarla como prueba y evitar la fuga. —Eran dos hojas escritas a mano, con letras grandes y desiguales. La ortografía era pésima. Era una madre escribiendo a su hijo preso. Finalmente llegué al párrafo que interesaba a los investigadores. «Tenemos fe en que saldrás pronto. Toma a Dios de la mano. Dios te sacará. Mira la cara de Dios. La cara de Dios es aquella persona que te ayuda. Él te guiará a la libertad. Recuerda que, pase lo que pase, tu madre siempre te amará. Espero verte pronto». —Esa, esa es la parte que nos interesa —dijo el detective—. Queremos interrogar al preso sobre el plan de fuga. Su madre ha conseguido que alguien de adentro lo ayude. Hay que detener este plan antes de que lo logren. Debe de ser un empleado de la misma cárcel, que está involucrado en el plan. —No pude más que sonreír. Traduje al inglés la porción que me pedían. Al entregarles la hoja, les dije: —Suerte. Están lidiando con la fe en Dios y las oraciones de una madre. Lo único que van a encontrar es el corazón de una madre que no puede dejar de amar a su hijo. —Es que usted no sabe la gravedad de los delitos que este joven ha cometido.

Pero es que ellos también desconocían la grandeza del amor en el corazón de esa madre.

«El que me ha visto a mí, ha visto al Padre», dijo Jesucristo (Juan 14:9 RV60). Y estaba hablando de mirarlo colgado en la cruz. La madre de nuestra historia tenía razón. Podemos ver a Dios en aquella persona que nos ayuda cuando menos lo esperamos. Aun así, es un reflejo borroso de lo que vemos cuando miramos a Cristo llevando nuestros pecados en su cuerpo. Nadie jamás nos ayudó tanto como Jesús, al llevar nuestra culpa y condena en su propia carne. Sí, fue él quien, desde adentro de la cárcel, nos dio la libertad. Al tomar nuestro lugar y sufrir «la paga del pecado» por todos nosotros, nos abrió la puerta de la vida eterna. Porque hasta entonces «estábamos muertos en nuestros delitos y pecados». Él fue ese «quintacolumnista», el «caballo de Troya» enviado del Padre, quien se humanó para quitar la pena de muerte que pendía sobre nosotros. Él fue y sigue siendo el «plan de fuga».

Por supuesto, a muchos ni siquiera les importa si Dios existe o no. O si de veras estamos atrapados en nuestros delitos y pecados, o si estamos cautivos de alguna forma. Ellos ven su cautiverio de la muerte como la libertad de hacer lo que quieran. Sin embargo, están cautivos en la cárcel de lo que ya son. No pueden escapar. No les importa si Cristo fue realmente un personaje histórico o no. Prefieren consignarlo a la categoría de figura mítica. No les interesa ser rescatados porque no piensan que están atados. Sin embargo, estos son los mismos que luchan por zafarse de sus propios dilemas, como sus luchas por amar y ser amados, reducir la temperatura del planeta un par de grados, o encontrar un planeta en otro sistema solar, donde la humanidad algún día escaparía.

Pero pese a todas las dudas, las dudas de los mayores escépticos no pueden borrar la verdad. Sí hay vida eterna, y fuimos creados para «tenerla, y tenerla en abundancia» (Juan 10:10 Paráfrasis del autor). En verdad desconocemos el tamaño del corazón de nuestro

Padre. Y nadie llega allí sino por Cristo (Juan 14:6). ¡Él es nuestro único plan de escape para finalmente pisar un «cielo nuevo y una nueva tierra, donde de lo primero no habrá memoria, ni más vendrá al pensamiento [...] donde mora la justicia!» (Isaías 65:17 RV60; 2 Pedro 3:13 RV60). Si no lo creemos es porque no sabemos cuán grande es el corazón de Dios para con nosotros. Y aunque no lo creamos, el amor del Padre nos perseguirá hasta sacarnos de nuestras tumbas.

38

Nació adicto a la metanfetamina

> «¿Se olvidará la mujer de lo que dio a luz, para dejar de compadecerse del hijo de su vientre? Aunque olvide ella, yo nunca me olvidaré de ti» (Isaías 49:15 RV60). «No temas, que yo te he redimido; te he llamado por tu nombre; mío eres tú» (Isaías 43:1 RV60).

Tan pronto como el bebé nació, fue sometido a pruebas de drogas. Tras esperar ansiosamente un par de horas, el anuncio del médico fue devastador: «Su hijo nació adicto a la metanfetamina. Ya informamos a las autoridades. Vienen en camino para tomar la custodia del bebé. No podemos entregárselo a usted. Sus pruebas de sangre delatan que también ha estado consumiendo cocaína, marihuana y opiáceos. Además, salió con alcoholemia. Usted tomó alcohol pocas horas antes del parto. El niño sufrirá fuertes síntomas de abstinencia». El grito de la madre en la sala de partos fue desgarrador. Sin embargo, no fue por el parto, sino porque no podría abrazar a su hijo recién nacido. Ahora, un mes después, se encontraba en otra «sala de parto», el tribunal, dando a luz las consecuencias de sus adicciones frente al juez de menores. «Señora, no hay palabras para describir su delito. No hay manera de predecir las consecuencias que sufrirá la criatura a lo largo de su vida. Sin embargo, usted debe estar muy agradecida de su esposo. Desde el momento en que nació el bebé, se hizo cargo de él a cada instante. El niño ha estado literalmente en las manos de su papá. El bebé tuvo fuertes traumas los primeros cinco días, pero gracias al cuidado tan especial de su esposo, por el momento está fuera de peligro. Pero usted, jovencita, está recién comenzando a encarar las consecuencias de sus acciones. Usted es la que no está fuera de peligro. Si de aquí a seis meses no supera su adicción, mi fallo le quitará la patria potestad de su hijo. Perderá todos sus derechos de madre sobre este niño».

Nuestra situación no es muy diferente a la de ese niño. Llegamos a este mundo adictos al pecado. Como los antiguos antediluvianos, desde muy temprano nuestros pensamientos tienden siempre al mal. Nuestros primeros padres consumieron la droga de la rebeldía, el egoísmo, la vanidad, y la mentira. Nacimos infectados.

Pero el Padre, por su gran amor con que nos amó, corrió hacia nosotros. Nos tomó en sus brazos y nos colocó en el pesebre de su Hijo. Allí, en su Hijo, colocó a toda la humanidad. Todos fuimos criados en la inocencia, pureza y afecto de ese niño de Belén. La niñez de Jesús fue la mía. Su adolescencia fue la mía. Su juventud fue la mía, como también su vida de adulto. Toda su vida fue la mía. Su muerte fue la mía. Pero también su resurrección. Cuando él se levantó de los muertos, también salí yo de la tumba; un nuevo ser humano en él, una nueva creación en él. En su resurrección, todos nacimos de nuevo. «¿Se olvidará la mujer de lo que dio a luz, para dejar de compadecerse del hijo de su vientre? Aunque olvide ella, yo nunca me olvidaré de ti» (Isaías 49:15 RV60). En Jesucristo, nuestro Padre fue la misericordia hecha carne. «No temas, que yo te he redimido; te he llamado por tu nombre; mío eres tú» (Isaías 43:1 RV60).

No importa cuál sea tu pasado o tu presente, o tus temores sobre el futuro; estas promesas son para ti: «Yo les doy vida eterna, y nunca perecerán, ni nadie podrá arrebatármelas de la mano. Mi Padre, que me las ha dado, es más grande que todos; y de la mano del Padre nadie las puede arrebatar» (Juan 10:28–29 RV60). Esos sí son cuidados intensivos y recuperación para todos los nacidos con adicción al pecado. En ese enorme grupo estamos todos nosotros, y él nos llama por nombre. Los peores pecadores son los primeros que responden. Los que piensan que no deberían estar en ese montón, son los últimos. Pero al final responderán, porque se darán cuenta de que son adictos a sí mismos.

En la vida de Cristo, todos somos rescatados del montón. Las promesas de la Escritura encienden la fe dentro de nosotros. Y aunque no la sientas, no te llenes de pánico. La fe salvadora no siempre provoca emociones fuertes. La fe salvadora es esa manito del recién nacido, que silenciosamente se aferra al meñique de su Padre. «¡Clama a mí, y yo te responderé! Y te daré a conocer cosas grandes y ocultas que tú no sabes» (Jeremías 33:3 RV60).

39

No hay acusador, se retira la demanda

> «Enderezándose Jesús, y no viendo a nadie sino a la mujer, le dijo: Mujer, ¿dónde están los que te acusaban? ¿Ninguno te condenó? Ella dijo: Ninguno, Señor. Entonces Jesús le dijo: Ni yo te condeno; vete, y no peques más» (Juan 8:10–11 RV60).

El abogado asesoraba a su clienta. —Mire señora, hoy voy a declararla «inocente» ante el juez. —Pero, yo sí me salté la luz roja. —No se preocupe, señora, yo soy su abogado. Usted puede tener lo que se llama conciencia de culpa, pero antes de que el juez la declare culpable, el acusador tiene que presentarse y exponer las pruebas. En este caso, si el policía, que es su acusador, no se presenta, o si sus pruebas dejan al juez con alguna duda razonable, el juez debe desestimar la demanda. —Pues yo no entiendo nada de eso —dijo la señora—.

—Vamos a ver si mi plan funciona —respondió el abogado con una sonrisa confiada. Luego añadió: —Si el día del juicio el policía que la acusa no se presenta, el juez está obligado a retirar la demanda. —La señora movió su cabeza en señal de que aún no entendía. —Mire, señora —repitió—. Por hoy, la declararé «inocente» ante el juez. Luego pediré una fecha para el juicio. Ese día el policía deberá presentarse. Si no viene, el juez desestima el caso. En casi el 55 % de los casos, los policías no vienen.

Semanas después vi a la señora entrar con su abogado. Cuando el secretario del tribunal pasó lista, el policía no respondió. El abogado guiñó el ojo a su clienta. Cuando el juez dijo el nombre de la señora, el juez dictó: —Señora, no hay acusador; se desestima la demanda; puede retirarse del tribunal. —La señora abrió la boca como para decir algo, pero el abogado le hizo una señal para que callara. Todavía boquiabierta y con una tremenda sonrisa, salió de la sala siguiendo a su abogado.

En cierta ocasión, un grupo selecto de hombres religiosos pusieron ante Jesús a una mujer a la cual todos ellos habían engañado y de la cual habían abusado en secreto. Intentando quitarse el cargo de conciencia, le dijeron: «Maestro, esta mujer ha sido sorprendida en el acto mismo de adulterio. Y en la ley, Moisés nos mandó apedrear a tales mujeres. Tú, pues, ¿qué dices?» (Juan 8:4–5 LBLA). Jesús ya sabía que ella era culpable, y no necesitaba pruebas.

Pero al acusar a la mujer como culpable, ellos no hacían nada más que acusarse a sí mismos, porque no habían traído al hombre con quien ella había cometido adulterio. La ley lo requería. Si la habían sorprendido en «el acto mismo», ¿dónde estaba el hombre? Puesto que no lo habían traído, obviamente lo estaban encubriendo, y por lo tanto, eran cómplices del acto. Así que Jesús los enfrentó con las evidencias de su propia culpa. Comenzó a escribir esas pruebas en la tierra. Nombres de amantes. Fechas. Lugares. Uno a uno, se fueron retirando, soltando las piedras de sus manos, hasta que no quedó ninguno. Luego, Jesús preguntó a la mujer: «¿Dónde están los que te acusaban? ¿Ninguno te condenó? Ella dijo: Ninguno, Señor». «Se desestima la causa. No hay acusadores. Vete en paz. Cuídate, no peques más [no sabes lo que podrían hacerte la próxima vez]. Ni yo te condeno».

Pero ¿acaso ella no era culpable? ¿Por qué no la condenó? Porque él mismo llevaría la culpa de ella en su propio pecho. Con esa culpa subió a la cruz, y allí, él mismo se condenó por el pecado de ella y el de nosotros. Esa es la buena nueva del evangelio. El único que nos puede condenar se hizo culpable por nosotros y sufrió nuestra condena. ¿Por qué? Porque nos ama. Viendo esta maravilla, el apóstol Pablo exclamó: «Si Dios es por nosotros, ¿quién contra nosotros?» (Romanos 8:31 RV60). Pero ¿qué de los religiosos que la querían matar? Dejaron a Jesús esperando. Se fueron. ¿Por qué no cayeron también ellos a los pies de Jesús pidiendo misericordia? Cuando no hay acusador, no hay condena. Pero si estás regalando perdones, y los acusados se fugan, ¿quién recibirá ese perdón?

Caso cerrado.

40

¡No confío en nadie!

> «En Cristo, Dios estaba reconciliando al mundo consigo mismo, no tomándole en cuenta sus pecados» (2 Corintios 5:19 NVI).

La joven dirigía una mirada despectiva a todos en la sala. Estaba dando testimonio de cuatro años de abuso sexual por parte de su propio padre natural. El acusado, su padre, amarrado y esposado, escuchaba las acusaciones de las cosas horribles que había hecho, pero solo se miraba las uñas. La joven detallaba cómo su propio padre había hecho de ella un objeto sexual desde los doce hasta los dieciséis años de edad. Cuando tenía once, el servicio de protección de menores le había negado la custodia a la madre. Esta le había quemado las plantas de los pies por no regresar a casa a tiempo. Fue entonces que cayó en manos de su padre, quien no esperó mucho para abusar de ella. La hizo guardar el secreto con amenazas y regalos. Ahora, la defensora del padre la cuestionaba: «Y si todo eso es cierto, ¿por qué entonces no lo dijiste a tu tía, a tu abuela, a una maestra de la escuela, a una persona de confianza?». Sin titubear, la jovencita replicó: «Es que no confío en nadie. Todos los que me tenían que cuidar me traicionaron. ¡Por eso no abrí la boca, porque no puedo confiar en nadie! Que se pudran todos en el infierno, ¡comenzando por ese maldito de mi papá, que acabó con mi vida!». Sus lágrimas y sollozos de dolor eran incontenibles. Su rostro se retorcía por la furia de su llanto acompañado de horribles vulgaridades.

Los psicólogos afirman que, después de nacer, el primer sentimiento que los niños desarrollan es la confianza. El psicólogo Erik Erikson observó que la confianza es crucial para el desarrollo de las relaciones interpersonales a lo largo de toda la vida. La confianza se desarrolla a partir del nacimiento y progresa hasta los primeros dieciocho meses. No obstante, si en vez de eso, el niño desarrolla desconfianza, hay una alta probabilidad de que ese niño termine en la criminalidad. La confianza se desarrolla a partir de los actos más sencillos entre el niño y sus padres. El niño llora, el padre le da de comer o le cambia el pañal. Cuando las necesidades del niño son satisfechas oportunamente, se desarrolla la confianza. De otro modo, el niño desarrolla enojo, resentimientos, y un persistente sentimiento de abandono. Esta desconfianza alimenta otras emociones que después se convierten en violencia, depresión, abuso de alcohol y drogas, y otras adicciones.

También disminuye la capacidad de creer en un Dios de amor. La persona solo puede creer en el constante dolor emocional causado por los recuerdos de su abuso y maltrato. Cuando se les presenta la existencia de un Dios de amor, enseguida preguntan: «Bueno, si eso es así, ¿por qué Dios permitió que sufriera todo lo que me pasó a mí?». Pero Dios no contesta esa pregunta, o al menos, no de la manera en que nos gustaría escuchar la respuesta. Él solo despliega la vida de su Hijo, Jesús el Cristo. Todo su ser sufrió un abuso que sobrepasa nuestra imaginación. Sin embargo, por eso mismo, muchos de quienes han sido abusados alegan que los sufrimientos de Cristo fueron el origen de todos los abusos. Que Dios mismo los causó, o los permitió. Si nos ponemos en el lugar del alma atormentada de una víctima, podemos entender por qué piensa así.

Pero la verdad es otra. En Cristo, Dios cargó sobre sí mismo todo el dolor y el abuso que el ser humano ha causado a su prójimo. El error de ver a Dios como el Padre que abusa del Hijo surge de una idea equivocada sobre Jesús. Esta idea ve únicamente la humanidad de Jesús. Sin embargo, la Escritura afirma que Jesús es también plenamente divino. Su humanidad y divinidad están unidas en su persona. «En el principio era el Verbo, y el Verbo era con Dios, y el Verbo era Dios. Este era en el principio con Dios» (Juan 1:1-2 RV60). O, como lo confiesa el credo: «Dios de Dios, verdadero Dios de verdadero Dios [...], de una sustancia con el Padre». Solo cuando separamos la humanidad y la divinidad de Cristo surge un fundamento para el alegato de «abuso infantil divino» y la idea de que Dios avala la violencia y el abuso. Sin embargo, «Dios estaba en Cristo reconciliando el mundo a sí mismo, no tomándoles en cuenta a los hombres sus pecados» (2 Corintios 5:19 RV60). La obra de la cruz fue un operativo conjunto del Dios trino. El Padre, el Hijo y el Espíritu Santo, *por voluntad propia,* estaban en la cruz quitando el pecado del mundo. Cuando el profeta anunció la obra del Mesías, estaba incluyendo a toda la divinidad.

> Ciertamente llevó él nuestras enfermedades, y sufrió nuestros dolores; y nosotros le tuvimos por azotado, por herido de Dios y abatido. Mas él herido fue por nuestras rebeliones, molido por nuestros pecados; el castigo de nuestra paz fue sobre él, y por su llaga fuimos nosotros curados. [...] mas Jehová cargó en él el pecado de todos nosotros (Isaías 53:4-6 RV60).

Observa que el profeta incluso profetizó nuestra idea equivocada de la obra de Cristo: «Nosotros le tuvimos por azotado, por herido de Dios y abatido» (v. 4). Pero fue Dios, en su plenitud, quien levantó en la cruz todo el dolor con que hemos sido afligidos —merecidamente o no—; lo absorbió, lo asimiló, y lo suprimió en la persona de Cristo, quien voluntariamente lo recibió todo. Hoy podemos tomar todo nuestro dolor y dejarlo donde ya está: en el Dios que enjuga todas nuestras lágrimas. Respira profundo, y déjalo ir. Quedas libre para poder nuevamente amar y confiar, para siempre.

41

¿Acaso no conoce mi historia?

> «Nosotros le amamos a él, porque él nos amó primero» (1 Juan 4:19 RV60). «Él mismo, en su cuerpo, llevó al madero nuestros pecados, para que muramos al pecado y vivamos para la justicia. Por sus heridas ustedes han sido sanados» (1 Pedro 2:24 NVI).

«Ustedes deben entender que la niña que adoptarán es hija de una drogadicta. La madre consumió cocaína durante casi todo su embarazo. Finalmente, fue denunciada al departamento de protección de menores, y cuando la niña nació, nosotros nos hicimos cargo de su cuidado. Hoy, cinco años después, la madre todavía está en la penitenciaría por ese y otros delitos». Era una audiencia de adopción y la directora del programa estaba cumpliendo su deber de informar sobre el pasado de Lupita, una niña de ojos grandes, negros, y preciosa tez morena. Sus trenzas negras caían sobre sus hombros mientras jugaba a cierta distancia. Los padres adoptivos escuchaban atentamente. La directora continuó: «Deben saber que, con toda probabilidad, la niña buscará las drogas, pues nació con tendencia a la cocaína. De hecho, los exámenes que se le practicaron al nacer mostraron que tenía cocaína en su sistema. También puede sufrir algunas deficiencias mentales y traumas psicológicos. Sabiendo todo esto, ¿todavía están dispuestos a adoptar a Lupita?». «Señora», respondió respetuosamente la futura madre, «¿acaso no conoce mi historia?». «No», respondió la funcionaria. «Pues se la resumo. Yo también soy hija de madre drogadicta. También fui dada en adopción. Si no hubiera sido por el amor de mis padres adoptivos, hoy podría estar muerta. El amor de mis padres adoptivos me salvó la vida. Queremos hacer lo mismo por Lupita». Al escuchar su nombre, la niña vino corriendo. Se colgó de su futura madre, la besó y la abrazó hasta quedarse quieta en su regazo. Ellos habían sido sus padres de acogida desde que había nacido y hoy la estaban adoptando. En ese instante escuché a la funcionaria musitar: «Esta niña vencerá todas las estadísticas».

Cuando Jesucristo nació en el pesebre de Belén, no estaba solamente creando una bella historia que se contaría cada navidad. El niño Jesús estaba asumiendo la historia de toda la humanidad. En el regazo de María, Jesús estaba tomando tu historia y la mía. Por su amor a nosotros, él se hizo nuestra historia. En su carne, nos unió a él. Esa copa amarga que Jesús rogó a su Padre que pasara de sus labios, contenía toda la historia de la humanidad. Sus peores momentos, sus odios, sus guerras. Nuestra historia personal también estaba allí, con nuestros peores momentos. Él no murió por nuestros mejores momentos sino por nuestros más oscuros secretos; todo aquello que jamás quisiéramos que se sepa de nosotros.

Por tanto, los sufrimientos de Jesús fueron más que el dolor de los clavos en sus manos y pies; más que esa insufrible corona de espinas en su frente; más que su lenta asfixia, cada vez que respiraba colgado en la cruz. ¡No! Sus sufrimientos se debieron a que tomó nuestra historia y sufrió toda la agonía y el dolor de nuestra vida.

¿A qué has sido adicto? ¿Qué te impulsaba en la vida que te hacía daño? ¿Qué culpa llevas en tu corazón? No hay nada en tu historia que Cristo no haya llevado ya en la cruz por ti. Por eso nos puede amar y perdonar, como la madre de la niña de nuestra historia. Ella la pudo amar porque había sufrido la misma historia, pero había sido rescatada por el amor de sus padres adoptivos. La Escritura dice: «Nosotros le amamos a él, porque él nos amó primero» (1 Juan 4:19 RV60). Y también: «Él mismo, en su cuerpo, llevó al madero nuestros pecados, para que muramos al pecado y vivamos para la justicia. Por sus heridas ustedes han sido sanados» (1 Pedro 2:24 NVI). Ese amor se derramó por ti y por mí. No te preocupes, ni tengas miedo. En Cristo, ¡ya vencimos todas las estadísticas!

42

Ese no es tu hijo

> «Hijo nos es dado»; «Y llamarás su nombre JESÚS, porque él salvará a su pueblo de sus pecados» (Isaías 9:6 RV60; Mateo 1:21 RV60). Y el que cree en él jamás será avergonzado» (1 Pedro 2:6 RV60).

Había sido un romance de novela. La niña pobre del pueblo, sobreprotegida por sus padres, rescatada por un príncipe azul que se la llevó al país del norte. Pronto tuvieron una niña, aunque él quería un hijo varón. Los años les dieron cierta prosperidad, pero a costa de mucho trabajo. Él trabajaba como guardaespaldas, chofer y mandadero de los jefes de una gran empresa. Ella se educó de a poco, y varios años después, les llegó… otra niña. Nuevamente las ilusiones del padre —tener un hijo varón— quedaron rotas. Sus trabajos y los cuidados de la casa y de las niñas causaron tensiones en la relación amorosa de la pareja. Siguieron pasando los años. Él continuó trabajando, y ella estudió y se capacitó hasta alcanzar un trabajo administrativo en una buena empresa. Y luego, como de sorpresa, ¡otro embarazo! La esposa lo escondió por varias semanas hasta que le hicieron la ecografía. Con foto en mano, le dio la sorpresa a su esposo: «¡Al fin tendrás tu hijo varón!». Animados por la noticia, prepararon la habitación del niño. El esposo no cabía en sí de alegría. A todos les contaba la noticia, con cigarros y todo. Los amigos organizaron una fiesta de regalos para el bebé. El niño nació. Recibió el nombre del papá. Alegrías, risas e ilusiones con un recién nacido en casa. Pero la alegría de la madre pronto se convirtió en depresión: llantos, tristeza, melancolía. El remordimiento no le daba descanso a su conciencia. Un día no pudo más. Con el rostro cubierto de lágrimas, le dijo a su esposo: «¡Perdóname, amor, pero ese no es tu hijo!». Ahora se encontraban en el tribunal del derecho de familia, ultimando su divorcio…

«Hijo nos es dado», fue el anuncio del profeta. El ángel lo confirmó: «Y llamarás su nombre Jesús, porque él salvará a su pueblo de sus pecados» (Isaías 9:6 RV60; Mateo 1:21 RV60). Este niño era tan anhelado por los antiguos, que un profeta lo llamó el «Deseado de todas las gentes» (Hageo 2:7 RVA). Abraham se gozó porque, en visión, se le permitió ver el día en que Jesús el Cristo se entregaría como Cordero de Dios en sacrificio por sus pecados (Juan 8:56). La virgen María recibió el sorpresivo anuncio: «El Espíritu Santo vendrá sobre ti y el poder del Altísimo te cubrirá con su sombra; por lo cual también el Santo Ser que va a nacer será llamado Hijo de Dios» (Lucas 1:35 RV60). Este hijo «nos es dado», es nuestro, y para siempre. La Escritura afirma: «He aquí, pongo en Sion la Piedra […] escogida y preciosa. Y el que cree en él jamás será avergonzado» (1 Pedro 2:6 RV60). Nos resulta imposible imaginar la decepción, la vergüenza, el enojo y la furia que sintió el padre de nuestra historia cuando su esposa le confesó que ese hijo no era de él. Sus esperanzas se rompieron en tantos pedazos que ya no hubo arreglo. Pero con nosotros es diferente. «Hijo nos es dado», afirmó el profeta. En esas palabras no hay engaño. Ya tenemos el Deseado de nuestro corazón. Ya tenemos la esperada redención, lograda por «nuestro» Hijo, dado por la gracia de Dios a toda la humanidad. Abraham lo vio como un acontecimiento en el futuro, pero nosotros podemos verlo en la cruz, como un hecho histórico: es un *fait accompli*, un hecho cumplido totalmente en nuestro beneficio. En Cristo, el Hijo, tenemos el perdón de todos nuestros pecados, y ¡vida eterna a su lado!

43

Usted sabía lo que estaba haciendo

> «Haya en ustedes el mismo sentir que hubo en Cristo Jesús, quien, siendo en forma de Dios, no estimó el ser igual a Dios como cosa a que aferrarse, sino que se despojó a sí mismo y tomó forma de siervo, y se hizo semejante a los hombres; y estando en la condición de hombre, se humilló a sí mismo y se hizo obediente hasta la muerte, y muerte de cruz» (Filipenses 2:5–8 RV60).

Era el 25 de diciembre en la capital de un país latinoamericano, y la madre no encontraba a su hija de cinco años. La niña y su padre habían desaparecido. La madre y el padre habían llegado a un acuerdo. La niña pasaría el día 23 y la Nochebuena con su papá. Luego, él la llevaría a casa de su mamá para pasar la Navidad. La madre la buscó por donde solía pasear con ella, pero nada. La ansiedad le recorría todo el cuerpo. Con el corazón a mil, volvió a su casa para revisar una vez más sus correos electrónicos. Allí leyó la espantosa noticia: «Neyla y yo llegamos bien a Nueva York. Feliz Navidad». El grito le salió desde las entrañas: «¿Cómo puede ser? ¡Al fin se la llevó, se la llevó! ¿Por qué no sospeché? ¡Mi hija! ¿Cómo la sacó del país? ¡Maldito! ¡Se la llevó, se la llevó!». El padre había lanzado esa amenaza en varias ocasiones. Ahora se había convertido en una cruel realidad. La madre gastó todo lo que tenía para obtener la ayuda de las autoridades migratorias de su propio país, la embajada norteamericana, y luego para viajar a los Estados Unidos y enjuiciarlo. Tratando de burlar la ley, el padre se trasladó con la niña a la costa oeste, pero no pudo evadir los servicios de inteligencia federales. Las agencias federales le siguieron la pista, y finalmente lograron imputarle cargos en un tribunal local. El fallo del juez del tribunal del derecho de familias fue severo con el padre: «Usted tramó todo un plan cuidadosamente. Falsificó la firma de la madre para sacar a la niña del país, y sobornó a las autoridades migratorias de su propio país. Usted sabía lo que estaba haciendo. Neyla volverá a su país con su madre». El padre dio un grito de pánico que fue ahogado por el grito de felicidad de la madre. Ahí mismo los agentes federales lo arrestaron por secuestro de una menor de edad, falsificación de pasaportes, tráfico de personas, y transporte ilícito de una menor de edad como acto de terrorismo internacional. ¡La reunión de la madre con su hija allí mismo en la sala judicial fue indescriptible! Las dos no cesaban de llorar y de abrazarse con indecible afecto.

En la persona de Jesucristo, todo el cielo se vació para venir a rescatarnos. Somos los hijos amados de Dios. No importa nuestra edad; para él somos como esa niña de cinco años. Vulnerables al engaño, débiles ante la tentación, necesitados de mucho afecto, cariño, protección, y sobre todo, un hogar feliz. Pero un enemigo nos engaña y se hace pasar por Dios. Falsifica su amor con imitaciones, y nos promete encantos y milagros si nos vamos a pasear con él. Pero el amor de Dios es apasionadamente celoso. Él todo lo ve. Nos ve secuestrados, lejos de su presencia, y en manos de un traidor. Nos sigue la pista con su Espíritu. La Escritura dice que él vació el cielo en Jesucristo para enjuiciar al enemigo y lograr nuestra libertad. «Haya en ustedes el mismo sentir que hubo en Cristo Jesús, quien, siendo en forma de Dios, no estimó el ser igual a Dios como cosa a que aferrarse, sino que se despojó a sí mismo y tomó forma de siervo, y se hizo semejante a los hombres; y estando en la condición de hombre, se humilló a sí mismo y se hizo obediente hasta la muerte, y muerte de cruz» (Filipenses 2:5–8 RV60). De esta manera, «nos ha librado del poder de la oscuridad y nos ha trasladado al reino de su amado Hijo, en quien tenemos redención por su sangre, el perdón de los pecados» (Colosenses 1:13–14 RV60). No hay mejor noticia que el fallo del Juez de los cielos: «Te vas conmigo, para que donde yo esté, ustedes también estén. No se turben sus corazones, ni tengan miedo» (Juan 14:3, 27 Paráfrasis del autor). Comenzando desde ahora, ¡ya podemos abrazar y llorar de gozo con nuestro Padre celestial por tan grande salvación!

44

Me niego a pagar: ¡no es mi hijo!

> «Y de una sangre ha hecho todo el linaje de los hombres para que habiten sobre la faz de la tierra y [...] para que busquen a Dios [...] Porque en Él vivimos, y nos movemos, y somos [...] Porque linaje suyo somos» (Hechos 17:26–28 RV60).

La joven madre se presentó en el tribunal de derecho familiar solicitando que su expareja se pusiera al día con los pagos de manutención, y que siguiera con los pagos mensuales. Reclamaba al juez que el joven había estado pagando por un solo niño, cuando en realidad eran dos. El padre solo había estado pagando por el niño mayor, de cinco años, pero no por Eddy, de catorce meses. La pareja se había separado hacía unos seis meses. La madre, muy indignada, insistía: —¡Señor juez! Él está desobedeciendo las órdenes que usted mismo le dio hace seis meses. No ha pagado un solo centavo por el niño, ¡que todavía necesita pañales!

—Entonces —dijo el juez—, ¿qué dice usted de todo esto, joven? —Antes que todo, su Señoría, aquí tengo una factura por quinientos dólares que Carola debe pagar. —¿Qué? ¿Cobro por qué? ¡Yo no voy a pagar nada! —reclamó la muchacha, bastante alterada. —¿De qué se trata la factura, joven? —preguntó el juez. —Si usted recuerda, su Señoría, cuando estuvimos acá hace seis meses, y usted dio la orden, yo pedí hacerme la prueba de ADN. Quedamos en esto: si el niño era mío, yo pagaba. Si el niño no era mío, ella pagaba. Aquí tengo el cobro para que ella pague. —¡Son mentiras! —gritó la muchacha. —Joven, ¿me permite ver los resultados? —El juez examinó el informe del laboratorio, y luego leyó: —Hay un 99,99 % de probabilidades de que este joven no sea el padre de Eddy. —¡No lo crea, señor juez! ¡Es fraudulento! ¡No puede ser! ¡Dígale que pague por su hijo! —exclamó la muchacha, indignada. —Señor juez —respondió el joven—, ¡me niego a pagar! ¿Cómo voy a pagar por un hijo que no es de mi sangre? —El juez resolvió el asunto llamando al laboratorio. Comprobó los números de la prueba, y la validez de los resultados. —Señora, este joven está en todo su derecho. Estoy seguro de que allá afuera hay un padre que debiera responder a sus reclamos. Pero este hombre no tiene nada que pagar. ¡El pago lo hará usted, como se acordó antes, y por orden mía!

La Escritura afirma que «de una misma sangre [Dios] ha hecho toda nación de los hombres» (Hechos 17:26 RV60). Aquí, la palabra griega para «nación» es *ethnos*, de la cual proviene nuestra palabra «etnia». Se refiere a grupos de personas vinculadas por culturas e idiomas similares, a través de todo el mundo. Pero el texto dice también que de «una sangre» Dios ha hecho a cada individuo que alguna vez haya vivido, o vivirá. Es la sangre de Adán, nuestro primer padre —con «p» minúscula—. Pero él, como padre, fue un fracaso total. Dios le había infundido el «aliento de vida», pero Adán nos legó el «aliento de muerte». Además, su sangre, que podría haber dotado de vida a toda la humanidad, perdió su poder vivificante. Se le había encargado ser el padre de la raza, pero fue engañado para buscar algo mayor: ser el «dios de la raza». Adán creyó en la mentira del engañador: «Es que Dios [Elohim] sabe que el día que coman de él, los ojos les serán abiertos, y serán como Dios [Elohim]» (Génesis 3:5 Paráfrasis del autor). De modo que, mientras buscaba un ascenso para «ser como Dios», perdió el título de «padre de la raza». Como resultado, su condición legal de padre nuestro fue transitoria. No obstante, esto tuvo graves consecuencias para nosotros. Nos trajo la muerte física y espiritual, pobreza, injusticia, dolor, sufrimiento, odios, guerras, ruina ecológica, y los peores males y maldiciones que alguna vez hayan pasado por la imaginación humana.

Adán fue totalmente incapaz de reparar lo que había roto. Cayó en bancarrota desde el comienzo, y no pudo dejarnos herencia alguna, excepto su legado de maldad.

De modo que, cuando Dios vio todo lo que Adán había hecho, he aquí, no era bueno. Por eso, Dios puso en marcha algo hecho de antemano: «El Cordero inmolado desde la fundación del mundo» (Apocalipsis 13:7 RV60). Y he aquí, ¡todo lo que Cristo hizo para nuestra salvación era bueno en gran manera!

De todo esto, el profeta escribió: «Porque un niño nos es nacido, un hijo nos es dado, y el dominio estará sobre su hombro. Se llamará su nombre: Admirable Consejero, Dios Fuerte, Padre Eterno, Príncipe de Paz» (Isaías 9:5 RV60). ¿Lo viste? «Padre Eterno». El Mesías, Cristo mismo. Nuestro segundo padre se hizo carne, habitó entre nosotros, rechazó las mentiras del tentador, vivió y amó según la voluntad de Dios, nos infundió su aliento de vida, y nos dio su sangre vivificante para vida eterna, «porque la vida del cuerpo está en la sangre [...] porque es la sangre, por razón de la vida, la que hace expiación» (Levítico 17:11 RV60). «Después tomó la copa, y luego de dar gracias, la entregó a sus discípulos y les dijo: "Beban de ella todos, porque esto es mi sangre del nuevo pacto, que es derramada por muchos, para perdón de los pecados"» (Mateo 26:27–28 RVC).

«¡Fíjense qué gran amor nos ha dado el Padre, que se nos llame hijos de Dios! ¡Y lo somos! [...] Queridos hermanos, ahora somos hijos de Dios, pero todavía no se ha manifestado lo que habremos de ser. Sabemos, sin embargo, que cuando Cristo venga seremos semejantes a él» (1 Juan 3:1–2 NVI).

¡No pudo rechazar su propio ADN!

45

¡Yo no le grité!

> «Otro ángel tenía el evangelio eterno [...] diciendo a gran voz: Temed a Dios y dadle gloria porque la hora de su juicio ha llegado; y adorad a aquel que hizo...» (Apocalipsis 14:6–7 RV60).

Dos señoras, ambas de unos cuarenta y cinco años, se presentaban ante el juez. Una de ellas pedía una orden de alejamiento contra la otra. Eran vecinas, y para complicar el caso, ¡eran primas! Ambas tenían hijas de la misma edad, adolescentes, estudiando en el mismo colegio. Ambas madres salían de sus casas a la misma hora de la mañana, con el mismo rumbo. Sin embargo, cuando llegaban al colegio, según explicaba la demandante, la otra le cortaba el paso con el coche, casi provocando accidentes en la congestionada zona escolar. Bajaba la ventanilla e insultaba a su prima y a su sobrina con gritos y gestos vulgares. Mientras la demandante presentaba sus alegatos, lo hacía pausada y tranquilamente, con control de sí misma. Luego de escucharla, el juez pidió a la otra prima, la demandada, que respondiera a los alegatos. «Su Señoría...», comenzó con voz baja y pausada, y luego, subiendo el volumen, continuó: «¡YO NO LE GRITÉ A ESA SEÑORA!». Al terminar, su voz sonó tan fuerte que retumbó por la sala del juzgado dejando el eco de su grito. Mientras traducía sus palabras, miré al juez. Su mano derecha cubría su boca, pero en las esquinas podían verse las líneas de una sonrisa; sus ojos brillaban con la picardía de haber logrado que la señora se acusara a sí misma con tan solo el volumen de su voz. El juez no tardó en concederle la medida de protección a la prima demandante. Cuando el juez explicó que su tono de voz la había delatado, la señora lo negó con un fuerte «¡YO NO LE GRITÉ!». Todos los presentes en el tribunal irrumpieron en carcajadas. Luego el juez dijo: «Aquí todo queda grabado. ¿Quiere escuchar la grabación?». Indignada, la mujer cogió su cartera, y con gran pavoneo salió de la sala.

Llegará el día en que los habitantes de este planeta, tanto vivos como muertos, comparecerán ante el tribunal de Dios (Romanos 14:10). Jesucristo describió esa escena y predijo lo que pasará: «No todo el que me dice: Señor, Señor, entrará en el reino de los cielos, sino el que hace la voluntad de mi Padre que está en los cielos. Muchos me dirán en aquel día: Señor, Señor, ¿no profetizamos en tu nombre, y en tu nombre echamos fuera demonios, y en tu nombre hicimos muchos milagros? Y entonces les declararé: Nunca os conocí; apartaos de mí, hacedores de maldad» (Mateo 7:21–23 RV60). En otras palabras, «Los que se pavonean de sus buenas obras están gritando a voz en cuello que no hicieron ninguna. Porque si hubieran hecho alguna obra en mi nombre, yo me habría dado cuenta. Todo lo que hicieron fue aspavientos para hacerse pasar por justos cuando, en verdad, son los pecadores más indignos y culpables». La ironía es que el Cristo tiene un nombre para todas esas profecías, expulsiones de demonios, y grandes milagros: «maldad». Su interés propio los delata. Los gritos altisonantes con que denuncian el pecado solo tienen la intención de cubrir su propio odio, lujuria, furia, y otros vicios. Pero mientras denuncian a su prójimo por vivir en la maldad, se llenan los bolsillos de lo que ganan gritando sus grandes obras y haciendo vana ostentación de su piedad. No es de extrañar que el Señor llame a todo eso «maldad».

Sin embargo, la Escritura habla de un anuncio que se proclama a voz en cuello y ahoga todo ese trompeteo. «Vi volar por en medio del cielo a otro ángel, que tenía el evangelio eterno para predicarlo a los moradores de la tierra, a toda nación, tribu, lengua y pueblo, diciendo a gran voz: Temed a Dios y dadle gloria, porque la hora de su juicio ha llegado; y adorad a aquel que hizo…» (Apocalipsis 14:6–7 RV60). El final de lo viejo y el principio de lo nuevo es tan bueno y glorioso, que el ángel lo grita a voz en cuello: «Toda la creación, naciones, lenguas, y pueblos son reconciliados en Cristo». El evangelio proclama el triunfo de Dios porque ha reunido todas las cosas en Cristo (Colosenses 1:20). El final de sus juicios es asombroso: Todas las naciones lo adorarán gritando a una voz. Nuestra voz ya está ahí grabada. Por fe, la podemos escuchar en este mismo momento.

46

La graduada del programa

> «Oh mujer, grande es tu fe; hágase contigo como quieres»; «Porque el Hijo del Hombre vino a buscar y a salvar lo que se había perdido» (Mateo 15:28 RV60; Lucas 19:10 RV60).

Era la última sesión del programa. El juez tomó la palabra. «Hoy, al graduarse de este programa, ustedes son la muestra del éxito de esta iniciativa. La intención no era castigarlos por consumir drogas, sino rehabilitarlos, devolverles con creces lo que las drogan les quitaron. Durante los últimos doce meses no han faltado a las terapias, han entregado todas sus tareas, y salieron limpios en todas las pruebas de drogas. Hoy son absueltos, su historial queda limpio, y es como si nunca hubieran cometido la falta. Cuando busquen trabajo, pueden incluso decir que nunca fueron arrestados por quebrantar el Código de Salud y Bienestar. Gracias a su exitosa participación en el programa, no tienen ningún antecedente. Invito a todos los presentes a felicitarlos con un gran aplauso». Se dieron los respectivos aplausos, los participantes recibieron sus diplomas, y salieron del salón con el murmullo de un parloteo alegre. Afuera del tribunal reconocí a una de las participantes, que conversaba con otra persona. Me acerqué a ella para felicitarla. —Ja, ja... La verdad es que no me pillaron. En el programa aprendí a responder lo que ellos querían escuchar. Usé drogas de corto efecto, fui a todas las reuniones... Es decir, hice lo que tenía que hacer para quitármelos de encima, ¿qué te parece? Ja, ja, ja… —Un tanto asombrado por tu franqueza —le dije—. No sé si felicitarte, o desearte suerte porque corres el riesgo de caer otra vez en el mismo delito, o algo peor. Pero veo que estás con todas tus amistades. ¿Van a celebrar? —Pues claro, ya sabes —dijo, dándole palmaditas a su cartera—. Aquí tengo todas las cositas que necesito. Esta noche hay fiesta en mi apartamento, ¿quieres venir? Te invito…

Los programas de rehabilitación basados en leyes y reglamentos pueden tal vez justificar a un delincuente ante las leyes terrenales. Pero no pueden justificar a nadie delante de Dios. Nuestra joven recién egresada del programa es el ejemplo por excelencia. Logró su certificado de rehabilitación, pero había aprendido a dar las respuestas adecuadas; a seguir todos los pasos. Sin embargo, su mayor orgullo era que no la habían sorprendido quebrantando el programa. Su aparente buen rendimiento ante los requisitos de la ley no logró quitarle sus ansias de drogas y el estilo de vida que las acompaña. Con los programas basados en la ley, se encuentra atrapada en una espiral sin fin, que quizás la hará rebotar de un programa a otro hasta que su cuerpo o su mente colapse y toque fondo sin poder salir a flote.

Hoy se predican muchos programas de «transformación espiritual» basados en la ley —aunque no parezcan tener esa base—. A primera vista, toda la enseñanza suena como algo que agradaría a Dios. Más oración, más control de los malos pensamientos, más fuerza de voluntad, más entrega a Dios. Asimismo, más alabanza sincera, más alzamiento de manos, más experiencias sobrenaturales, más emociones de éxtasis. Más testimonios de cambio entre nuestra vida pasada y nuestra vida nueva. Y sin embargo, no importando cuán sincera —o hipócrita— sea nuestra participación en el programa, al final no somos mejores que la niña de nuestra historia. Nuestro corazón siempre quiere irse de fiesta. Y con un corazón así, Dios no puede dar ningún certificado de graduación. Porque «Yo soy el Señor, y veo más allá de lo que el hombre ve. El hombre mira lo que está delante de sus ojos, pero yo miro el corazón» (1 Samuel 16:7 RVC).

Sin duda alguna, Dios desea que vivamos vidas limpias y libres de todo problema causado por nuestro descontrol. Nosotros también debemos desear lo mismo. Nuestras familias lo necesitan. La sociedad lo implora. Pero —y este es el gran «pero» de las Escrituras—: «nadie podrá decir que ha cumplido la ley y que Dios debe reconocerlo como justo, ya que la ley solamente sirve para hacernos saber que somos pecadores» (Romanos 3:20 DHH). Y para los que no se dan cuenta de que son pecadores, la ley tiene otra consecuencia más nefasta: estimula el deseo de pecar hasta que se pasan de la raya y no tienen más opción que reconocerlo. Esto es verdad para todos, creyentes o incrédulos, incluyendo grandes predicadores, como el apóstol Pablo. Él confesó claramente:

> De no haber sido por la ley, yo no hubiera conocido el pecado; porque si la ley no dijera: «No codiciarás», tampoco yo habría sabido lo que es codiciar. Pero el pecado se aprovechó del mandamiento y despertó en mí toda clase de codicia, porque sin la ley el pecado está muerto. En un tiempo, yo vivía sin la ley, pero cuando vino el mandamiento, el pecado cobró vida y yo morí. Entonces me di cuenta de que el mismo mandamiento que debía darme vida, me llevó a la muerte, porque el pecado se aprovechó del mandamiento y me engañó, y por medio de él me mató. (Romanos 7:7–12 RVC)

¡Increíble! «Sin la ley el pecado está muerto; cuando vino el mandamiento, el pecado cobró vida». Pero Pablo no había terminado: «Por medio del mandamiento el pecado llegó a ser en extremo pecaminoso» (v. 13 Paráfrasis del autor). Suena como la «graduada» de nuestra historia. El programa de rehabilitación basado en leyes, reglamentos y requisitos solo despertó en ella el deseo de hacer trampa, engañar, fingir, seguir consumiendo drogas, ¡e introducir a otros «egresados» en la misma perversidad! Es por eso que, por medio de las obras de la ley, Dios no puede declarar justo a nadie. ¡Sería absurdo que Dios se deleitara con más pecado y perversidad!

Sin embargo, aquí las Escrituras hacen frente a ese «pero» con un «pero» más potente:

> Pero ahora, aparte de la ley, la justicia de Dios ha sido manifestada, atestiguada por la ley y los profetas; es decir, la justicia de Dios por medio de la fe en Jesucristo, para todos los que creen (Romanos 3:21–22 RV60).

Aquí puedes reemplazar la «justicia de Dios» por «programa cumplido». Dios le dio a su Hijo Jesús la tarea más difícil: cumplir el programa de justicia en beneficio de cada ser humano, para que pudieran ser perdonados y declarados justos (justificados). ¿De qué manera? Creyendo que es cierto, que es verdad: «por medio de la fe en Jesucristo». ¡Eso es aun más increíble! Eso es buenas nuevas para todos los que han tocado fondo y se afligen porque ya no encuentran salida alguna a través de programas basados en la ley. Solo por la fe en el programa cumplido por Jesucristo son considerados graduados y aceptos en la familia de Dios para siempre, como si jamás hubieran pecado. Cristo sufrió la pena por el pecado de ellos, y cumplió el programa en favor de ellos. Luego nos invita a festejar, pero *no a la manera de la ley*, sino en el festejo más grandioso: la fiesta de boda entre él y todos los graduados del programa; aquellos que no traen sus propias «cositas» a la fiesta. El mismo Cristo proveerá el pan y el vino, aquello que da vida y la sustenta, para siempre. ¿Quieres venir? ¡Estás invitado!

47

¿No puedo beber ni siquiera un sorbito?

> «Padre mío, si es posible, no me hagas beber este trago amargo. Pero no sea lo que yo quiero, sino lo que quieres tú» (Mateo 26:39 NVI).

El tribunal de menores concede a los padres ciertos plazos para volver a reunirse con sus hijos. Esto se debe a que la Agencia de Protección de Menores retira a los niños del cuidado de los padres cuando existe maltrato infantil, negligencia, o abuso de drogas y alcohol por parte de los padres. En esos plazos, los padres pueden participar en programas de rehabilitación de drogas, alcohol, clases para padres, clases de manejo de la ira, y visitas con sus hijos pues, por lo general, los niños quedan al amparo de un hogar de acogida. En esta ocasión se presentaba ante el tribunal una madre de veintisiete años. Hoy se decidiría si había cumplido con los requisitos o si perdería la patria potestad de sus tres hijos. Los niños habían peregrinado de un hogar de acogida a otro, esperando la rehabilitación de la madre. Se desconocía el paradero del padre. El informe no era nada halagador. Tres meses antes, la madre se había escapado de un programa de rehabilitación, pero había regresado arrepentida. Su prueba de drogas y alcohol había salido sucia. El juez luchaba por encontrarle otra oportunidad. El abogado defensor de los niños se oponía. Alegaba que la madre no merecía tiempo adicional para su rehabilitación, y que, si se le daba la oportunidad, nuevamente abusaría de sus hijos. Finalmente, el juez le hizo una advertencia seria: —Aunque usted ya ha tenido dieciocho meses de oportunidad, estoy pensando en darle seis meses más de rehabilitación. Pero debo advertirle: debe prometer que no beberá absolutamente nada de alcohol. —La joven pidió inmediatamente la palabra. —¿Sí? La escucho —dijo el juez. —Pero ¿en esos seis meses no puedo beber ni siquiera un sorbito? —Por poco, el juez perdió el control. —En este mismo momento le revoco la patria potestad de sus tres hijos. ¡Los niños quedarán al amparo de los servicios de adopción! —De nada sirvió que la madre gritara y gimiera. El juez ordenó a los alguaciles que la escoltaran fuera de la sala.

En cierta ocasión, Jesucristo llegó a Jerusalén, ciudad grande y populosa, por las colinas. Súbitamente se detuvo. Fijando la mirada en las multitudes de la ciudad que buscaban afanosamente placeres y ganancias, independencia y libertad, los ojos de Jesús se llenaron de lágrimas y exclamó: «¡Jerusalén, Jerusalén, [...] cuántas veces quise reunir a tus hijos, como reúne la gallina a sus pollitos debajo de sus alas, pero no quisiste!» (Mateo 23:37 RV60). Pero no pensemos que nosotros somos mejores que los moradores de Jerusalén. No creamos que nosotros sí hemos querido estar al amparo de sus alas. Nosotros hemos buscado más bien las falsas alas de nuestros vicios, adicciones, avaricia, celos, odios e hipocresías. Queremos un último traguito de venganza contra el prójimo, una última mentirita blanca, un sorbito más de nuestra ira. Sin embargo, aun así, él nos reclama. «¿Puede una madre olvidar a su niño de pecho, y dejar de amar al hijo que ha dado a luz? Aun cuando ella lo olvidara, ¡yo no te olvidaré!» (Isaías 49:15 NVI). Por eso mismo, él no se cansa de extender su invitación: «Venid a mí todos los que estáis trabajados y cargados, y yo os haré descansar [...] porque mi yugo es fácil, y ligera mi carga» (Mateo 11:28–30 RV60). La carga que llevamos encima es nuestro desenfrenado deseo de esos «sorbitos». E igualmente, nos agobia la carga de nuestras buenas obras, pues nos tientan a pensar que, por ellas, somos algo. Nos pesa pensar que, para estar seguros de que Dios nos acepta, debemos ofrecerle más y más sacrificios, penitencias, o tal vez odiarnos más por nuestros pecados. Todo eso son sorbitos de egoísmo, hipocresía, apariencias. Sin embargo, todos nuestros sorbitos, sean de pecado o de aparentes buenas obras, nos embriagan de una falsa percepción de quienes somos. Lo peor es que todo lo que hay en las copas que bebemos nos condena. Y al final tendríamos que beber toda la copa de nuestros pecados y sus consecuencias.

Sin embargo, Cristo vino y, justo a tiempo, arrancó esas copas de nuestras manos, antes de que nos hiciéramos daño con sus eternas consecuencias.

En el Getsemaní, él tomó las copas de nuestros labios, las derramó en la suya, y bebió esa amargura de nuestros pecados hasta la última gota. No hubo ningún pecado, de ningún ser humano, que él no bebiera y recibiera en su santo ser para destruir su nefasto veneno. «Padre mío, si es posible, no me hagas beber este trago amargo. Pero no sea lo que yo quiero, sino lo que quieres tú» (Mateo 26:39 NVI).

No lo hicimos nosotros. Ni se nos pide que lo hagamos. Fue Jesús quien bebió sorbo a sorbo toda la amarga copa de nuestros pecados. ¡Nuestro deber es beber jarras llenas de su abundante perdón!

48

No es necesario ser maleante para hacer cosas malas

> «Venid luego, dice Jehová, y estemos a cuenta: si vuestros pecados fueren como la grana, como la nieve serán emblanquecidos; si fueren rojos como el carmesí, vendrán a ser como blanca lana» (Isaías 1:18 RV60).

—Es que la moto frenó en seco; no alcancé a darme cuenta. —Señor, su prueba de alcohol dio 0.14, seis puntos por encima del límite de 0.08 —respondió el abogado defensor. —Pero yo no estaba ebrio, estaba en mis cabales; no pasó nada. Solo fue un pequeño golpe a la moto por detrás, es todo. —Precisamente —agregó el abogado—, ese es el problema de beber y conducir. El chofer no se da cuenta de que ha perdido un «poquito» de tiempo para reaccionar, y usted lo ha demostrado. Usted pensó que la moto frenó en seco. Pero no. La moto frenó normalmente. El alcohol en su cerebro retardó su reacción. Por eso usted chocó la moto por detrás. Y no fue solo «un pequeño golpe». La moto fue a parar a tierra, y tanto el conductor como la pasajera cayeron. —Pero no les pasó nada —disputó el acusado. —Escúcheme — respondió el abogado un tanto enfadado—. Yo soy ciclista aficionado. Salgo a practicar por todas estas rutas. ¿Sabe lo que más miedo me da cuando practico? Gente como usted, que se cree buena. Porque son los buenos, como usted, los que me pueden matar. ¿Qué tal si, en vez de chocar la moto, usted me chocara a mí, en mi bicicleta? ¡Me mataría o me rompería el cuello! —El joven guardó silencio. Luego de un profundo suspiro, respondió: —Tiene razón. Uno no tiene que ser maleante para hacer cosas malas.

Con esas pocas palabras, el joven emprendió su verdadera recuperación. La Escritura dice: «El temor de Dios es el principio de la sabiduría» (Proverbios 9:10 Paráfrasis del autor). Cierto. Pero ese temor de Dios viene porque Dios mismo nos enseña a temer todo lo malo que somos capaces de hacer aunque no seamos maleantes. Un maleante se dedica a hacer lo malo. La mayoría de nosotros nos dedicamos a hacer lo bueno, y sin embargo, hacemos cosas malas. Sin querer, ofendemos a nuestro prójimo. No conocemos nuestra verdadera capacidad de hacer lo malo. Pensamos que solo lo golpeamos un poquito, y que no teníamos la intención de hacerlo. Pensamos que tal vez el prójimo debería haber sido más precavido.

El salmista exclamó: «¿Cómo puedo conocer todos los pecados escondidos en mi corazón? Límpiame de estas faltas ocultas» (Salmo 19:12 NTV). Esa pregunta tiene una sola respuesta: mira a Jesucristo, crucificado por ti, en tu lugar. Porque allí, en la cruz, el Hijo de Dios tomó todos los pecados ocultos que hay en nuestro corazón —así como también los menos ocultos— y murió por ellos. Es gravísimo que deba morir un ser totalmente inocente para que nos demos cuenta de nuestra tremenda capacidad de hacer el mal. Y lo peor de nuestro mal es que nos justificamos cuando pecamos. Le restamos importancia en vez de suplicar «y perdona nuestros pecados...». Como el joven que chocó la moto por detrás, atropellamos a Cristo estando ebrios en nuestros delitos y pecados. Causamos su muerte.

Pero al tercer día, Cristo resucitó de los muertos para darnos un eterno abrazo de amor, paz y perdón; sosteniéndonos a su lado para siempre. En otras palabras, ¡nuestro «castigo» es ser eternamente amados, y mucho más que solo un «poquito»! Cuanto más justificamos y negamos nuestra culpa, tanto más engrandece Dios su amor y su perdón para con nosotros. «Venid luego, dice Jehová, y estemos a cuenta: si vuestros pecados fueren como la grana, como la nieve serán emblanquecidos; si fueren rojos como el carmesí, vendrán a ser como blanca lana» (Isaías 1:18 RV60).

49

No soy yo en la foto, es mi novio

> «Me deleito mucho en el Señor; me regocijo en mi Dios. Porque él me vistió con ropas de salvación y me cubrió con el manto de la justicia. Soy semejante a un novio que luce su diadema, o a una novia adornada con sus joyas» (Isaías 61:10 NVI).

Y con esas palabras la muchacha entregó la foto tomada por la cámara de tránsito. Hay algunos semáforos que tienen un sistema de cámaras de control. Si un vehículo cruza con luz roja, las cámaras disparan una fuerte luz fosforescente y captan al chofer, su vehículo, y las placas, junto con la fecha y la hora de la infracción. Luego, el control de tránsito envía una papeleta por correo al propietario del coche. Hoy, la joven comparecía ante el juzgado de tránsito para responder por saltarse una luz roja. El juez pidió al alguacil que examinara la foto y opinara si la persona era la joven o no. —Absolutamente no, su Señoría. La persona detrás del volante es un hombre —respondió el agente. —Muy bien —dijo el juez—. Y ¿tenemos aquí al novio? —Yo soy el novio —respondió una voz gruesa y fuerte desde el fondo de la sala—. Y me doy por culpable. Ella es inocente. Yo estaba manejando. —El juez sonrió. —Ninguno de los dos es culpable. La joven no es culpable porque no es la de la foto. El joven es inocente porque no hay acusación en su contra... Y, de paso, ¿cuándo es el matrimonio? —Hoy mismo —respondió la joven—, más pronto de lo que pensábamos, porque no tendremos que pagar esa multa. —Así es —agregó el juez—, ¡que disfruten del perdón!

En ese breve encuentro, se dibujó el evangelio, la Buena Nueva de Dios en Jesucristo. Él se presenta como nuestro novio y esposo. Se declara culpable en nuestro beneficio. Nos levanta la condena. Sufre en su propio cuerpo nuestro merecido castigo. Existen pruebas en contra nuestra, pues cada momento de nuestra vida queda grabado. Y luego se deleita con nosotros por la eternidad. Y eso es todo lo que nosotros hacemos como creyentes en Jesucristo. Disfrutamos del perdón. Así fue como respondió el profeta Isaías hace muchos años: «Me deleito mucho en el Señor; me regocijo en mi Dios. Porque él me vistió con ropas de salvación y me cubrió con el manto de la justicia. Soy semejante a un novio que luce su diadema, o a una novia adornada con sus joyas» (Isaías 61:10 NVI). Pero hay algo más en el Novio de la humanidad. Él toma nuestra culpa, pero en sí mismo es totalmente inocente y no culpable, como el novio de nuestra historia. De él la Escritura dice: «Porque tal sumo sacerdote [«Novio»] nos convenía: santo, inocente, sin mancha, apartado de los pecadores, y hecho más sublime que los cielos» (Hebreos 7:26 RV60). Solamente alguien puro e inocente puede amarnos con perfecto amor. En la pureza de su amor no hay dudas, resentimientos, impaciencias, enojos, sino solo una eterna afectuosa paciencia que siempre nos dice: «Yo he tomado tu lugar en todo. Eres mío, eres mía para siempre». «No temas, porque yo estoy contigo; no desmayes, porque yo soy tu Dios que te esfuerzo; siempre te ayudaré, siempre te sustentaré con la diestra de mi justicia» (Isaías 41:10 RV60). Porque «habrá más gozo en el cielo por un pecador que se arrepiente que por noventa y nueve justos que no necesitan arrepentimiento» (Lucas 15:7 RV60). ¡Disfruta del perdón!

50

Su petición no tiene mérito

> «Mas nuestra ciudadanía está en los cielos, de donde también esperamos al Salvador, al Señor Jesucristo; el cual transformará el cuerpo de la humillación nuestra, para que sea semejante al cuerpo de la gloria suya, por el poder con el cual puede también sujetar a sí mismo todas las cosas» (Filipenses 3:20–21 RV60).

Su rostro quemado por el sol, su porte fornido y sus brazos fuertes no podían esconder su edad. Era un obrero agrícola que había trabajado toda su vida en los campos. Sus sienes blancas contrastaban con el cutis de su cara bronceada por años bajo el sol. —Su Señoría, por consejo de mi abogado de inmigración, vengo a retirar mi declaración de culpable de un delito menor que cometí hace veintidós años. —Y ¿por qué esperó tanto tiempo? —preguntó el juez. —Es que no sabía que un delito menor como el robo en una tienda iba a afectar mi solicitud de ciudadanía veintidós años después. —Bueno, déjeme echar un vistazo a su petición… Usted dice aquí que, cuando se dio por culpable, nadie le leyó las consecuencias migratorias. Sin embargo, en el computador aparece la transcripción de esa audiencia. Aparece el nombre del intérprete, y se le preguntó también si usted comprendía las consecuencias migratorias: «Entiendo que al darme por culpable se me puede deportar, negar la entrada legal a este país, y la ciudadanía». ¿Recuerda eso? —No, su Señoría, no recuerdo que se me haya dicho nada. —Bueno, le voy a entregar una copia. —Con copia en mano, el juez nuevamente le preguntó: —Y ¿no es esta su firma, en la declaración de culpable? Ahí, arriba de su firma, dice: «He leído y comprendo todo este escrito». —Tras una pequeña pausa, el hombre respondió: —Su Señoría, pero eso fue hace veintidós años; no recuerdo que nadie me haya leído algo así. —El juez añadió: —Y al lado de su firma está la firma del intérprete autorizado que le tradujo todo el escrito. Le niego su petición. No tiene mérito legal alguno.

Así nos presentamos ante el tribunal de Dios. Venimos a Dios con nuestras más nobles y puras intenciones. Toda la vida hemos servido a otros, buscando su mejor provecho. Pero nosotros también tenemos nuestro propio interés. Queremos que Dios nos conceda la ciudadanía en su reino a cambio de todo lo mejor que podemos ofrecerle. Realmente hay muchos que, cuando reflexionan seriamente, creen que en sus vidas no hay nada que Dios querría —o podría— rechazar. Jamás han tenido una adicción, y no han bebido siquiera un traguito de cerveza o vino; menos han fumado un cigarrillo, y por supuesto, nada de drogas. Su carácter es intachable, y todo el mundo habla bien de ellos. Jamás se enojan ni tienen mal genio. Son optimistas ante la vida, y creen lo mejor de los demás; nunca hablan mal de nadie. De hecho, motivan a otros a dar lo mejor de sí mismos. Jamás dicen malas palabras. Ninguna vulgaridad cruza sus labios, ni siquiera cuando se martillan el dedo (a lo sumo un muy sincero «¡ay!»). Cuando oyen que la Escritura dice: «... porque todos han pecado y no dan en el blanco de la gloria de Dios», creen sinceramente que esa declaración corresponde a otros pero no realmente a ellos. Creen que estarían mintiendo si aceptaran que son pecadores. Porque ellos sí viven de acuerdo a la gloria de Dios. Realmente no conciben que se les incluya con «todos esos pecadores y esa gente mundana». Se sienten algo ofendidos, y no saben cómo responder, porque de veras no se pueden incluir con los demás que, según ellos, viven una vida de pecado y hacen cosas malas. Sin embargo, esta mentalidad es una grave ofensa contra Dios. ¿Por qué? Porque convierten el sacrificio de Cristo en algo innecesario, al menos para ellos. Están convencidos de que pertenecen a un grupo muy especial por el cual Cristo no tuvo que morir. Tal vez lo hizo de una manera general, porque pertenecen a la raza humana, pero no lo hizo por ellos en particular: «No me incluyan en el grupo por el cual Jesús tuvo que cargar pecados. No creo que él haya debido sufrir algo por mí, porque al repasar mi vida no encuentro ningún momento en que yo realmente haya pecado ante Dios. Estaría mintiendo, si admitiera haberlo hecho. Mi conciencia está limpia». Realmente hay personas con esta mentalidad. No comprenden cómo alguien podría tildarlos de «pecadores». Ciertamente hay cosas que podrían haber hecho de una mejor manera, pero no logran imaginar cómo, ya que con toda sinceridad piensan que siempre dan en el blanco. Ponen cara de perplejos, como si no entendieran, cuando se les dice que Cristo tuvo que derramar su sangre para perdonar sus pecados, y muy discretamente cambian el tema. Sin embargo, cuando se habla del castigo de los malos y pecadores, un castigo de consecuencias eternas, y de que los pecadores sufrirán la muerte eterna, no se oponen a tal castigo, porque piensan que sí, efectivamente lo merecen, por lo malos y perversos que son.

Sin embargo, para todos los que adoptan esta mentalidad, la pregunta del profeta es penetrante: «¿Hasta cuándo morarán dentro de ti pensamientos perversos?» (Jeremías 4:14 RV60). Eso duele. Pero la verdad rompe cadenas y libera. El mismo apóstol Pablo enfrentó esta mentalidad con su propio pueblo. Ellos creían haber alcanzado la cúspide de la perfección moral, en particular cuando se comparaban con esos perversos gentiles. «Por tanto, no tienes excusa tú, quienquiera que seas, cuando juzgas a los demás, pues al juzgar a otros te condenas a ti mismo, ya que practicas las mismas cosas» (Romanos 2:1 RV60). Cuando aquellos que se consideran puros juzgan a quienes consideran impíos, repasan en sus mentes la maldad que están juzgando. Al repasar esos actos como en un video, se enciende su propia naturaleza pecaminosa, y mentalmente terminan participando en la misma maldad que están condenando. Caen en el mismo barrizal que aquellos a los cuales condenan. Y lo que es peor, caen ahí sin gracia, misericordia ni perdón alguno, tanto para ellos como para aquellos a los cuales juzgan. Mira cómo lo explica la Palabra: «¿Piensas entonces que vas a escapar del juicio de Dios, tú que juzgas a otros y sin embargo haces lo mismo que ellos? ¿No ves que desprecias las riquezas de la bondad de Dios, de su tolerancia y de su paciencia, al no reconocer que su bondad quiere llevarte al arrepentimiento?» (Romanos 2:3–4 NVI).

Esto es asombroso. A quienes se justifican a sí mismos, Pablo les dice que la misericordia extendida por Dios a quienes ellos consideran impíos tiene el propósito de llevarlos a ellos, los «intachables» de carácter, ¡al arrepentimiento! Pero no se detiene allí. Entrega los beneficios del evangelio a ambos grupos; a los malos, y a los que se creen buenos. «Sin embargo, Dios nos ha mostrado ahora la forma para que él nos acepte. De ella ya había enseñado el Antiguo Testamento. No se trata de guardar la ley. Dios hace justos a quienes creen en Jesucristo, sin favoritismo alguno. Es así porque todos hemos pecado y no tenemos derecho a gozar de la gloria de Dios. Pero Dios, por su gran amor, gratuitamente nos declara inocentes, porque Jesucristo pagó todas nuestras deudas. Dios ofreció a Jesucristo como sacrificio por nuestros pecados. Cuando creemos esto, Dios nos perdona todos nuestros pecados pasados, pues nos tiene paciencia. De esa manera da a conocer su justicia y muestra que él es justo y que nos hace justos por tener fe en Cristo Jesús» (Romanos 3:21–25 NBV).

Es por la fe, y solo por ella, que Cristo nos levanta del fango, el fango de nuestros pecados, y el fango de nuestra propia justicia. Esa fe solo se aferra a la persona de Cristo, por quien todos somos justificados o declarados justos por su gracia. Nuestra petición para que se borre nuestro expediente tiene mérito legal: la sangre de Jesucristo, vertida para el perdón de nuestros pecados. ¡Se nos concede sin condición alguna, y para siempre!

51

¿Usted piensa que ella vendrá a tomar su lugar?

> «Haya en ustedes el mismo sentir que hubo en Cristo Jesús, quien, siendo en forma de Dios, no estimó el ser igual a Dios como cosa a que aferrarse, sino que se despojó a sí mismo y tomó forma de siervo, y se hizo semejante a los hombres; y estando en la condición de hombre, se humilló a sí mismo y se hizo obediente hasta la muerte, y muerte de cruz» (Filipenses 2:5–10 RV60).

La abogada le hablaba al acusado con urgencia. Yo traducía la entrevista. —Mire, señor, este caso ya lleva meses sin resolverse. Si yo pudiera presentar algo para defenderlo ante el jurado, le diría: «Vamos a juicio». Pero, hasta el momento, usted no me ha dado una sola prueba a su favor. Sencillamente, la casa estaba a su nombre. Alguien lo delató. Llegó la policía, registró la propiedad y encontraron drogas, dinero y armas. Cinco cajas grandes. Más de sesenta kilos de peso en cocaína, marihuana y metanfetamina; ciento veinte mil dólares en efectivo; siete pistolas de nueve milímetros, y dos rifles automáticos. ¿Qué defensa puedo presentar en su favor? Si usted va a juicio con todo eso en contra, lo más probable es que lo condenen. Usted era el único que estaba en casa; la casa está a su nombre. Hoy el fiscal le hace una muy buena oferta. Si va a juicio y pierde, le darán veinte años. Si se declara culpable hoy mismo, tres años. —Pero, defiéndame; hay pruebas de que las cosas no eran mías. —Como ¿cuáles? —Busque a la señora Nelly del Campo. Ella le dirá todo. —¿Como qué? —Que todo era de ella y no mío. —Y ¿dónde la encuentro? —Está al otro lado de la frontera. Vive ahí, con su marido y sus cinco hijos. —Pero ¿usted cree que ella va a dejarlos a todos para venir, declararse culpable, y tomar su lugar en la prisión por veinte años?

Toda la raza humana estaba en la misma situación. Por su incredulidad, odio al prójimo, avaricia, y opresión, estaba condenada a muerte eterna, sin defensa alguna. Hasta que apareció su abogado, nacido en un establo, en Belén. Y ¡qué abogado resultó ser! Fue más allá de lo que jamás se esperaría de un abogado, pues defendió nuestro caso tomando nuestro lugar. Él sí dejó todo lo suyo, sus amados, su hogar eterno, para tomar nuestro lugar en la prisión de nuestra condenación. La Escritura dice: «Haya en ustedes el mismo sentir que hubo en Cristo Jesús, quien, siendo en forma de Dios, no estimó el ser igual a Dios como cosa a que aferrarse, sino que se despojó a sí mismo y tomó forma de siervo, y se hizo semejante a los hombres; y estando en la condición de hombre, se humilló a sí mismo y se hizo obediente hasta la muerte, y muerte de cruz. Por lo cual Dios también lo exaltó hasta lo sumo, y le dio un nombre que es sobre todo nombre, para que en el nombre de Jesús se doble toda rodilla de los que están en los cielos, y en la tierra, y debajo de la tierra; y toda lengua confiese que Jesucristo es el Señor, para gloria de Dios el Padre» (Filipenses 2:5–11 RV60). Allí en la cruz, él cruzó la frontera, nos encontró a punto de ser condenados, y luego tomó nuestro lugar cargando todo el peso de la culpa de la humanidad. Para eso vino. Él sí lo dejó todo, para tomar nuestro lugar… Lo más difícil es creerlo… Pero después, ¡qué paz! ¡Qué gozo! ¡Qué libertad! ¡Vivimos al otro lado de la frontera, donde cada respiración, cada paso, está dentro de las fronteras infinitas del amor de Dios!

52

¡No pongas un pie en esa iglesia!

> «Dios estaba en Cristo reconciliando consigo al mundo, no tomándoles en cuenta a los hombres sus pecados [...] Al que no conoció pecado, por nosotros lo hizo pecado, para que nosotros fuésemos hechos justicia de Dios en él» (2 Corintios 5:19–21 RV60).

Un profundo silencio se apoderó de la sala. El juez había anunciado el siguiente caso. Una madre solicitaba una orden de alejamiento contra su hijo. La orden dictó que el hijo tendría terminantemente prohibido acercarse a menos de cien metros de su madre, padre, hermanos, sus domicilios, lugares de empleo, y aun de la misma iglesia. Amonestando al joven, el juez le dijo: —No pongas un pie en esa iglesia. —Y luego, dirigiéndose a la madre: —¿Por cuánto tiempo quiere la orden? —Todo el tiempo que sea posible —contestó la madre. —Entonces será por cinco años —dictó el juez. Yo traducía. Tenía la madre a mi izquierda y el hijo a mi derecha. Podía sentir la tensión; ni siquiera se miraban de reojo. El juez preguntó al joven de veinticinco años si tenía algo que decir sobre las acusaciones de maltrato físico a sus padres y hermanos. Era alto, fornido, y sus brazos eran el doble de gruesos que los míos. En un tono burlón, desafiante y seco, respondió: —Esa vieja está mintiendo. La verdad es que nunca me han querido, siempre me han maltratado, y ahora se quejan. —Como yo estaba cerca, podía sentir el olor a alcohol en su aliento. —Yo no maltraté a nadie, ni esa noche, ¡ni nunca! Es puro cuento —añadió con una risotada perversa—. Traigan al policía que llamaron esa noche, ¡porque no hubo golpes, ni nada! Niego todos esos cargos. ¡Todo es mentira!

Pero el juez dictó la orden. No se podría acercar a menos de cien metros. Ningún tipo de contacto; ni por teléfono, redes sociales, o terceras personas. «Tampoco vayas a la misma iglesia». Parecía extraño que se dictara una orden que lo dejara fuera del alcance de Dios y de su palabra, al menos en la misma iglesia de su familia. El joven lanzó un manotazo a unos papeles que había sobre la mesa frente al juez y salió atropelladamente de la sala.

Pero más extraño es pensar que, en la cruz, aquel que más ama a este joven tomó toda la perversidad del muchacho en su propia santa persona, y murió para pagar sus pecados. La Escritura dice: «Al que no conoció pecado, por nosotros lo hizo pecado, para que nosotros fuésemos hechos justicia de Dios en él» (2 Corintios 5:21 RV60). Dios mira a este joven endurecido y desafiante a través de Cristo, su perfecto Hijo. Dios puede ver lo que nadie ve: un muchacho noble, respetuoso, cariñoso, atento con sus padres, considerado, sacrificado por su familia. Ese amor nos llama al arrepentimiento, a que dejemos de pensar que no valemos nada y que incluso Dios nos rechaza. Dios nos dice la verdad sobre nosotros mismos. Somos hijos e hijas amados con un amor que perdurará para siempre. ¿Acaso Dios nos ordena no poner un pie en la iglesia, o que acudamos a alguna en particular? Por cierto, Dios no quiere que pongamos el pie en ninguna iglesia ni lugar donde nos digan que él nos rechaza o nos abandona por causa de nuestros pecados. Por el contrario, dondequiera que se proclame que pertenecemos a la familia de Dios y que nuestros pecados han sido perdonados en Cristo Jesús, ¡allí debemos poner nuestro pie, y jamás movernos! Contra eso no hay orden de restricción. La única orden ya fue dada y cumplida por Jesucristo: «¡Rescatarás al más perverso e indigno pecador, y lo traerás a mi casa!». Y en la cruz, al expirar, el Señor dijo: «Hecho está». Acabó con la ley de los cien metros, ¡y te abraza para siempre!

53

Oso vs. oseznos

«No me escogieron ustedes a mí, sino que yo los escogí a ustedes y los comisioné para que vayan y den fruto, un fruto que perdure. Así el Padre les dará todo lo que le pidan en mi nombre» (Juan 15:16 RV60).

El abogado defensor entrevistaba a una joven madre. Yo traducía. Él le preguntó: —¿No lo recuerda? Hace tres meses, cuando estuvo aquí, el juez le advirtió: «Su novio tiene que salir de la casa. No puede estar ahí por ninguna razón. De otro modo, perderá a sus niños y serán puestos en un hogar de acogida». Ellos corren un gran riesgo con él. Los niños le dijeron al investigador que todavía se inyecta drogas delante de ellos. Cuando se droga, pierde el control. Les grita, los amenaza y termina pegándoles. —El abogado advertía a la joven madre de las consecuencias. Con una leve sonrisa, ella comenzó a responder: —Sí, pero... —El abogado intervino: —No, es que no hay peros. Este informe del trabajador social dice que fueron a investigar. Encontraron ropa de él en la cama de usted. Incluso había dejado sus calcetines sucios en el suelo. Parece que salió corriendo para que no lo vieran, cuando vio que los investigadores se acercaban a la casa. Cuando entrevistaron a los niños, ellos contaron que él seguía viviendo ahí, y que todavía le tenían mucho miedo porque les gritaba y les tiraba cosas para que se callaran. —La madre insistió: —Es que no va a creer todo lo que ha cambiado. Ya está en los programas. Le han hecho pruebas de drogas y sale limpio. Está trabajando. No ha faltado a una sola reunión de las terapias. Yo no trabajo, no tengo permiso para trabajar. Aquí él me ayuda con la renta, con la comida. Sin él no puedo sola. Hace ya dos semanas que no les pega a los niños ni se inyecta… —Señora, un momento. ¿A quién está protegiendo usted: al oso, o a los oseznos? —Pero ella respondió tímidamente: —Es que lo quiero mucho, no puedo vivir sin él. —Cuando le respondió lo mismo al juez, este no vaciló. La mujer perdió a sus oseznos: sus dos niñas y su niño. Le quitaron a los hijos de inmediato. Se quedó con el oso alfa.

En la tercera tentación de Jesús, el diablo lo llevó a un lugar alto y, en un instante, le mostró todos los reinos del mundo y su gloria. Le dijo: «Todo esto te daré, si te postras y me adoras» (Mateo 4:8–9 NBLA). Pero cuando Jesús miró aquel gentío de la humanidad entera, se dio cuenta de que ninguno quedaría perdonado ni sería salvo por la eternidad. Para que eso sucediera, Jesús tendría que ir a la cruz, convertirse él mismo en el horrible pecado, tomar el lugar de cada ser humano ante la justa ira de Dios por el pecado, y sufrir la más cruel humillación y muerte, sin garantía alguna de que él mismo sobreviviría a la prueba. Pero toda esa realidad tan solo alentó su fe.

Pero esa cruda realidad lo movió a perseverar. En esa tentación, nos vio indefensos, a merced de un déspota engañoso y cruel que finalmente nos lanzaría en el agujero negro de la perdición eterna. Nos vio más perdidos que esos cachorritos de nuestra historia, viviendo bajo las amenazas y crueldades de un padre déspota e iracundo. Pero Jesús, en vez de postrarse y adorar al diablo, se postró ante el Padre, que lo había enviado con la misión de hacerse uno con nosotros, y por medio de su muerte, darnos vida eterna. Y eso, pese a un gran costo: su muerte, y muerte de cruz. En vez de defenderse a sí mismo, o rendirse ante el diablo con temor y avaricia, decidió proteger a sus cachorros. «No me escogieron ustedes a mí, sino que yo los escogí a ustedes» (Juan 15:16 RV60), dijo a nuestros padres en la fe, los discípulos. Al final, no somos nosotros quienes lo escogemos a él. Nosotros somos sus escogidos. Su especial tesoro. Tal como los niños de nuestra historia eran impotentes e incapaces de decidir si se quedarían con su papá o con su mamá, así somos nosotros. Por eso, Jesús no vaciló. Nos escogió para amarnos ayer, amarnos hoy, y amarnos mañana. Nos escogió a nosotros, sus cachorros. La familia del cielo se quedó con el alfa y los cachorros.

54

¡Detengan el juicio! ¡Acepto los veinte años!

> «Porque la paga del pecado es muerte, mas el regalo de Dios es vida eterna, en Cristo Jesús [...] siendo justificados gratuitamente por su gracia, mediante la redención que es en Cristo Jesús» (Romanos 6:23 RV60; 3:24 RV60). «Porque el Hijo del Hombre no ha venido para perder las almas de los hombres, sino para salvarlas» (Lucas 9:56 RV60).

El forense encontró el cuerpo recostado contra la pared. Tenía dos enormes orificios. Uno en el abdomen, y otro en el pecho. Ambos habían sido causados por cañonazos de una escopeta recortada, y a quemarropa. El primer disparo perforó los intestinos. El segundo destrozó los pulmones y el corazón. El forense explicó que la víctima sobrevivió brevemente al primer impacto, y el segundo causó su muerte instantánea. Había dos casquillos de calibre 22 cerca, y perdigones por todos lados. La policía quiso interrogar al compañero de habitación de la víctima, pero no lo encontraron. Diez años después, gracias a la colaboración de agencias policiales de los dos países, encontraron al sospechoso viviendo en una ciudad cercana a la frontera. Fue extraditado, y ahora se enfrentaba a su juicio en un tribunal de justicia. Desde su detención insistía en su inocencia. Según él, había huido por temor a que una pandilla lo usara como chivo expiatorio y lo culpara como autor del macabro asesinato. Ahora, los doce miembros del jurado ya habían sido escogidos, juramentados e instalados. Su futuro estaba en manos de ellos. Siete mujeres, cinco hombres. Todos desconocidos, pero examinando las pruebas en su contra. El juez instruyó al jurado que no se guiara por simpatías sino por las pruebas. La fiscal era muy meticulosa; extraía de los testigos todas las pruebas posibles. Súbitamente, el joven me habló. «Dígale a mi abogada que detenga el juicio. Acepto los veinte años de cárcel que me ofrecieron. Este jurado no me conviene. La fiscal es muy lista. Estoy seguro de que me darán la cadena perpetua…».

Así somos nosotros. Pasamos la vida declarando nuestra inocencia ante Dios y el prójimo. Porfiamos diciendo que no le hacemos mal a nadie, sino que hacemos lo mejor que podemos. Hacemos el bien a otros, y si acaso hay vida después de la muerte, la alcanzaremos porque de veras no hemos sido tan malos. Creemos esta mentirita de nuestro engañoso corazón hasta que oímos: «Por cuanto todos pecaron, y están destituidos de la gloria de Dios»… «Porque la paga del pecado es muerte»… «No hay ni uno bueno» (Romanos 3:23 RV60; 6:23 RV60; 3:12 RV60). Es entonces cuando llega el pánico. Como el joven de la historia, exclamamos: «Detengan este juicio; me van a imponer la pena máxima. Estoy perdido». Pero ese es el mejor momento de nuestras vidas, pues se levanta Jesucristo, y exclama: «Mas el regalo de Dios es vida eterna, en Cristo Jesús […] siendo justificados gratuitamente por su gracia, mediante la redención que es en Cristo Jesús» (Romanos 3:25 RV60). «Porque el Hijo del Hombre no ha venido para perder las almas de los hombres, sino para salvarlas» (Lucas 9:56 RV60). «Pues Dios amó tanto al mundo que dio a su único Hijo, para que todo el que crea en él no se pierda, sino que tenga vida eterna» (Juan 3:16 DHH). Al joven de nuestra historia no se le permitió hacer tratos con su culpa una vez que el juicio estuvo en marcha. Lo intentó demasiado tarde. Fue condenado a cadena perpetua. Pero no fue así con nosotros: en la cruz, Jesús ya detuvo el juicio contra nosotros. Pero no detuvo el juicio contra él. Al darse por culpable, sufrió nuestra pena, pero así quedamos libres, y ¡libres para estar siempre con él!

55

Perdiste la custodia, ¡yo la tengo toda!

> «Padre, he pecado contra el cielo y contra ti, ya no soy digno de ser tu hijo...»; «¿Acaso quiero la muerte del pecador?»; «Porque el Hijo del hombre vino a buscar y a salvar lo que se había perdido» (Lucas 15:21 RV60; Ezequiel 33:11 RV60; Lucas 19:9–10 RV60).

Las conversaciones por teléfono no llegaban a nada, y en persona, mucho menos. —Tú sabes lo que hiciste hace seis años. Te pusiste a tomar, manejaste ebria, chocaste, y ahora tienes que pagar las consecuencias. Te deportaron. Por eso no puedes ver a las niñas. Las abandonaste. Y ahora quieres volver a ser mamá, cuando te conviene. Pues, no puedes. Mientras estabas al otro lado de la frontera haciendo de las tuyas, yo pedí la custodia de las niñas, y ahora no tienes derecho ni a visitarlas. No pidas más. Ya te dije que no las puedes ver. Y si sigues pidiendo, te voy a reportar a la migra pa' que te echen pa'l otro lado otra vez. ¿Escuchaste? —Pero Miguel, mira que les compré unos vestiditos y las quiero llevar a la iglesia. —Pues usa esas garras para limpiar tu escusado porque mis hijas no se van a poner esos trapos. —Los insultos no cesaban. —El año pasado solo las vi dos veces, Miguel. —Y me arrepiento de las dos. Aquí tengo el papel del tribunal de familias, que me da todo a mí. Ni te aparezcas al tribunal porque ahí mismo te deportan. Recuerda que nunca pagaste por ese caso de manejar ebria, y te andan buscando para arrestarte. ¡Olvídalas! Son mis hijas. ¡Mira que ya ni preguntan por ti!

La madre no toleró más. Se entregó a la misericordia del juez pidiendo que le dieran al menos una custodia parcial. Le probó al juez que había cumplido con todos los programas sobre conducción bajo los efectos del alcohol, había pagado sus multas, tenía trabajo estable y una vivienda adecuada para vivir con las niñas. Para sorpresa de la madre, el papá nunca había obtenido tal custodia. La había estado engañando y amenazando con un cuento inventado. A modo de castigo, el juez le quitó la custodia al padre y solo le concedió visitas supervisadas. La madre recibió la plena custodia legal y física de las niñas.

Así pasa con nosotros. Cuando queremos buscar a Dios con el corazón adolorido y deseosos de encontrar perdón y paz con Dios, se presenta el acusador. «Has perdido todo derecho a ser perdonado. Has cometido demasiados pecados, y han sido demasiado grandes. Atrévete a acercarte a Dios, y verás que te rechazará y condenará, pues para ti no hay remedio». Esa es la tarea de Satanás, el acusador. Pero Jesús nos dice algo muy diferente. Él relató la historia del hijo que se fue a otro país y derrochó toda la herencia de su padre. Al final se halló comiendo los desperdicios que les echaban a los puercos que cuidaba. Allí recordó el carácter compasivo de su padre. Seguro que las dudas lo azotaban: «Mi padre no me perdonará; me entregará a la justicia. Mi padre jamás volverá a confiar en mí; me castigará». Pero nada podía borrar de su mente el carácter amoroso y perdonador de su padre. Se arriesgaría con su padre, se arrojaría a su misericordia. Preparó su discurso: «Padre, he pecado contra el cielo y contra ti, ya no soy digno de ser tu hijo» (Lucas 15:21 RV60). Pero, tal como el padre salió corriendo a su encuentro, y no escuchó su propuesta, de la misma manera nuestro Padre celestial exclama: «¿Acaso quiero la muerte del pecador? Vivo yo, dice el Señor Jehová, que no quiero la muerte del impío, sino que se torne el impío de su camino, y que viva» (Ezequiel 33:11 RV60). No le hagas caso a la voz del acusador, sino a la voz de aquel que ya te perdonó en la cruz: «He venido a buscar y a salvar lo que se había perdido» (Lucas 19:10 RV60).

56

Vi los pies colgando

> «Dios, que es rico en misericordia, por su gran amor con que nos amó, aun estando nosotros muertos en delitos y pecados, nos dio vida juntamente con Cristo (por gracia sois salvos), y juntamente con él nos resucitó, y asimismo nos hizo sentar en los lugares celestiales con Cristo Jesús» (Efesios 2:4–6 RV60).

«Cuando llegamos con el coche de bomberos, salía humo por las ventanas delanteras, y llamaradas de fuego por las ventanas de atrás. Mi equipo se preparó para ingresar al domicilio. Encontramos la puerta con llave y tuvimos que tumbarla. La sala estaba llena de humo. No se podía ver. Me fui arrastrando por el piso, y fue entonces que vi los pies colgando de un sillón. Tiré de ellos lentamente hasta que el señor cayó sobre la alfombra, y así lo fui arrastrando hasta afuera. Estaba inconsciente. Había sucumbido al humo. Su cuerpo estaba cubierto de hollín. En el apartamento de al lado todavía dormía una madre con sus tres niñas, que también fueron rescatadas. En minutos apagamos los incendios. Alguien había prendido fuego con gasolina en la cocina y en dos de los dormitorios». Quien daba testimonio era el capitán de los bomberos. Luego siguió: «Cuando investigamos, era el mismo señor que encontramos en el sofá quien había prendido el fuego. Se había emborrachado, e hizo el incendio con la intención de quitarse la vida. Sufre de problemas mentales porque ha bebido alcohol desde que era niño. Casi acaba con su propia vida y la vida de la vecina con sus niños». Al salir del hospital, el hombre fue arrestado por la policía. Ahora respondía a cargos de intento de homicidio, incendio, destrucción de bienes ajenos y otros más. Yo traducía la audiencia para él. Me hizo un ademán para que me acercara. «Mire», susurró, «dígale a mi abogado que no recuerdo nada...».

El señor de nuestra historia se había condenado a una muerte segura al prender fuego a su propia casa. Unos pocos minutos más, y él, junto con su vecina, las niñas, y todo el edificio, habrían sido consumidos por las llamas. Pero su salvador llegó, justo a tiempo. El bombero no se preguntó: «¿Qué tipo de hombre será este? ¿Merecerá que lo rescate, con todas esas latas de cerveza, regadas por la alfombra?». ¡No! La intención del salvador es una sola: ¡salvar! Si es así entre los rescatistas humanos, la intención de Dios es aun más firme: «Dios, que es rico en misericordia, por su gran amor con que nos amó, aun estando nosotros muertos en delitos y pecados, nos dio vida juntamente con Cristo (por gracia sois salvos), y juntamente con él nos resucitó, y asimismo nos hizo sentar en los lugares celestiales con Cristo Jesús» (Efesios 2:4-6 RV60). ¿Cómo? ¿Murió para salvar incluso a delincuentes y borrachos? Sí, especialmente para salvarlos a ellos, porque «Los sanos no tienen necesidad de médico, sino los enfermos. No he venido a llamar a justos, sino a pecadores» (Marcos 2:17 RV60). Nuestra enfermedad también incluye la mala memoria, pues de nuestras faltas contra el prójimo, decimos: «No recuerdo nada». De modo que con ese pretexto nos justificamos, alegando que no le debemos nada a nadie. Pero Dios, que podría ahora mismo borrarnos de su memoria, es quien dice: «Yo, yo soy el que borro tus rebeliones por amor de mí mismo, y no me acordaré de tus pecados» (Isaías 43:25 RV60). Siendo así, ¿cuáles serán las primeras palabras de tu Rescatista?

57

Papá, poquito a poco...

> «Nosotros hemos conocido y creído el amor que Dios tiene para con nosotros. Dios es amor [...] Nosotros le amamos a él, porque él nos amó primero»; «Mi copa está rebosando. Ciertamente, el bien y la misericordia me seguirán todos los días de mi vida, y en la casa de Jehová moraré por largos días» (1 Juan 4:16, 19 RV60; Salmo 23:5-6 RV60).

—Pero señora jueza, hace cinco años este hombre me abandonó con un niño de dos años y el otro recién nacido. Todos estos años he sido madre soltera, y ¡ahora este descarado regresa diciendo que ahora sí quiere ser papá! No es justo, señora jueza. No le dé visitas con los niños. Ellos ni lo conocen. ¡Es como si fueran a estar con un extraño! —Los lamentos quejumbrosos de la madre llenaban el silencio de la sala. —¿Sabe lo que no es justo, señora? —replicó la jueza. —No, no sé —respondió la madre en medio de sus lágrimas. —Que, teniendo papá, porque ahora sí quiere serlo, los niños no lo puedan tener porque usted se opone. La ley, que representa la voluntad de todo el pueblo, les da a sus niños lo que usted no quiere darles: el papá que nunca han tenido. —Es que no puedo, señora jueza, no se los puedo confiar. Él no tiene la menor idea de qué hacer con ellos para cuidarlos. Y ¿qué tal si me los quita, y jamás los vuelvo a ver? —No será así —respondió la jueza—.

Este señor será papá de a poquito. Comenzará viendo a los niños con un terapeuta que supervisará las visitas, y los ayudará a conocerse poco a poco. Luego el terapeuta me dará un informe. A medida que la relación crezca, poco a poco le daré más oportunidades, hasta que pueda salir a pasear con sus hijos. Finalmente, esperamos que pueda tener la custodia compartida, si aprovecha todas sus oportunidades. Muchos papás no aprovechan; solo quieren salirse con la suya, y luego desaparecen. Pero si usted, señora, no colabora con este programa, usted misma perderá la custodia. ¡Y esa es mi orden!

El Juez divino ordena que lo tengamos a él por Padre, junto con el Hijo, que también es nuestro Padre Eterno y Salvador. No importa cuánto tiempo hayamos estado sin nuestro Padre celestial; tenemos derecho a tener un padre mucho mejor que el enemigo, quien había arrebatado la custodia de nuestras almas. ¿Cómo y dónde podemos buscar a nuestro verdadero Padre? ¿Dónde está el tribunal para buscarlo? Está tan cerca como un gemido de tu corazón, o como dice la Escritura: «La palabra está cerca de ti, en tu boca y en tu corazón» (Romanos 10:8 RV60). Pero no es una palabra que nos decimos a nosotros mismos. Es la palabra del Padre: «No os dejaré huérfanos, vendré a vosotros» (Juan 14:18 RV60). Es su palabra de perdón la que siempre está presente en nuestras vidas como una promesa cumplida. La prueba está en la resurrección de Cristo y el constante ministerio de su presencia por medio del Consolador que nos ha dado. El Espíritu Santo nos consuela porque siempre nos recuerda que Cristo cumplió a cabalidad con su obra en nuestro favor. No necesitamos añadirle ni una jota ni una tilde. De hecho, la echamos a perder si le sumamos algo más. Lo que nuestro Padre hizo por nosotros en Cristo es tan completo, que no nos falta nada. ¡«Nuestra copa está rebosando»! En la presencia de Cristo, el bien y la misericordia nos siguen todos los días de nuestra vida, y en la casa de nuestro Padre, ¡moraremos por largos días!

58

Y ¿por qué no reportó el abuso enseguida?

> «Por cuanto todos pecaron, y están destituidos de la gloria de Dios, siendo justificados gratuitamente por su gracia, mediante la redención que es en Cristo Jesús [...] a fin de que él sea el justo, y el que justifica al que es de la fe de Jesús» (Romanos 3:23–24, 26 RV60).

En los casos de abuso sexual, es muy difícil descubrir la verdad. De por medio está la inocencia de las víctimas, como también el futuro de alguien que podría pasar injustamente toda su vida en la cárcel. Una madre soltera con dos niñas de trece y once años había reportado a la policía lo que sus hijas le habían dicho. Pero había esperado diez meses para hacerlo. Las niñas alegaban que el novio de la madre había abusado sexualmente de ellas en varias ocasiones, pero no habían dado detalles exactos de lo sucedido. Las pruebas médicas practicadas a las niñas no mostraron rastros de abuso sexual. Sin embargo, también habían pasado más de diez meses desde los incidentes en cuestión. Por otro lado, las niñas habían contado una historia diferente a otro detective diciendo que el muchacho solo las había manoseado. No recordaban fechas, lugares, ni horas exactas. Los incidentes que describían podrían haberlos leído en alguna novela. El abogado del acusado defendía a su cliente con el argumento creíble de que la madre había inventado los cargos porque, en el teléfono del joven, había descubierto que tenía una amante, con fotos y todo. Eso explicaba por qué no había reportado el presunto abuso. No lo había hecho antes porque no quería que su novio la dejara por haberlo reportado. O tal vez no había ocurrido nada, y los cargos eran un pretexto para quitarse de encima «a ese descarado de una vez por todas y mandarlo a la cárcel para siempre». Pero, si la acusación era inventada, ¿por qué el joven tendría que ir a la cárcel por delitos que no había cometido? Ahora la fiscal cuestionaba a la madre con la misma pregunta: «Y ¿por qué no reportó el abuso tan pronto como las niñas se lo contaron? ¿Por qué esperó casi un año?». La madre respondía solamente con lágrimas de silencio.

Fue un caso excepcional. Por lo general, en casos de abuso sexual, el jurado cree el testimonio de las víctimas. Sin embargo, en este caso, rechazó tanto la historia de las niñas como el testimonio de la madre. El novio no era culpable de abusar de las niñas. Sin embargo, había culpa para repartir a granel. El muchacho tenía la culpa de haber engañado a la madre con otra mujer. La madre era culpable de haber intentado vengarse del muchacho acusándolo de hechos que le hubieran significado muchos años de cárcel. Las niñas también eran culpables por haber conspirado con la madre y haber calumniado al joven.

«Por cuanto todos pecaron y están despojados de toda gloria divina» (Romanos 3:23 Paráfrasis del autor). Por lo tanto, todos merecen la justicia divina. Pero la justicia divina va más allá de culpar, condenar y castigar. Porque cada vida es de gran valor e infinitamente estimada: en la historia de arriba, las vidas de la madre, del novio y de las niñas, y en nuestro caso, nuestra propia vida. La justicia divina halló una manera de rescatar al culpable —es decir, a todos nosotros—: nos sorprendió con Cristo. Él llevó nuestra culpa, y nos presentó sin mancha ni arruga delante de Dios. Sí, «todos hemos pecado, y seguimos despojados de la gloria de Dios». Sin embargo, a esa sentencia condenatoria la sigue un final sorpresivo y salvador: «Siendo justificados gratuitamente por su gracia, mediante la redención que es en Cristo Jesús, a quien Dios puso como propiciación por medio de la fe en su sangre» (Romanos 3:24–25 RV60). Si esto te suena como una de esas frases altisonantes de la teología, lo que quiere decir es esto: ¡Has sido perdonado! No eres culpable de nada, ni ahora ni nunca. No porque lo merezcas, sino porque Dios se deleita en perdonarte. Te declara como una persona totalmente justa, aunque jamás hayas hecho cosa alguna para merecerlo. Todo se debe a que Cristo tomó toda tu culpa sobre sí mismo, y además te regaló su vida perfecta en reemplazo de la imperfección de la tuya. Llámalo conspiración, si quieres. Sí, el Padre, el Hijo y el Espíritu Santo han conspirado para salvarte. Es la conspiración más grande de la historia del universo. Y ahora, contra ti, ya no hay jurado, ni abogados, ni acusadores, ni culpa, ni ira. «Ahora, pues, ninguna condenación hay para los que están en Cristo Jesús» (Romanos 8:1 RV60), pues has sido llamado a la libertad del amor de Dios (Gálatas 5:13).

59

El programa

> «Miren cuán gran amor nos ha otorgado el Padre: que seamos llamados hijos de Dios. Y eso somos [...] Y todo el que tiene esta esperanza puesta en Él, se purifica, así como Él es puro»; «En el amor no hay temor, sino que el perfecto amor echa fuera el temor» (1 Juan 3:1, 3 NBLA; 4:18 RV60).

Hay un programa para padres que han perdido la custodia de sus hijos por delitos de drogadicción. El tribunal de menores asume la custodia de los niños. Los coloca en un hogar de acogida. Luego la ley otorga al papá, o a la mamá, la oportunidad de volver a reunirse con sus hijos. Deben cumplir con un programa de reuniones, terapias, pruebas de drogas al azar, estudiar y trabajar. A medida que van cumpliendo los requisitos del programa, suben de un nivel a otro hasta cumplirlos todos, y es entonces cuando reciben su certificado. Pero el cartón no significa nada en comparación con volver a sentir el abrazo de sus hijos. En cierta ocasión, un grupo de padres compareció ante el juez, el cual revisaba su rendimiento en el programa. —Señor, el informe dice que salió positivo en una prueba de alcohol. ¿Qué pasó? —Murió mi abuelo, y salí a tomar para quitarme el dolor. —Señor, ¿cuántas veces el alcohol le ha quitado el dolor? —Pues ninguna, porque al rato vuelve, y siento más ganas de tomar. Por eso quiero salirme del programa; es muy exigente. —Y ¿qué de sus hijos? —Su Señoría, hace tiempo que la mamá me los quitó. Perdí la esperanza de volverlos a ver. —Señor, este programa es su mejor oportunidad. —No, no. No hay nada que hacer. —Señor, le podemos dar una oportunidad más; solo tiene que… —El hombre no dejó terminar al juez. Agarró su gorro y salió murmurando de la sala: «A nadie le importa nada, todo es una pérdida de tiempo…».

¿Y si Dios hubiera pensado así de nosotros —que era una gran pérdida de tiempo venir a rescatarnos—? Sin embargo, en sus pensamientos no surge ese tipo de ideas. En Cristo Jesús, Dios se hizo carne, nació en un pesebre, y adoptó lo más humilde y pobre de la tierra para, de esa manera, rescatar a los más indefensos e indigentes. Vivió perseguido por su propia raza, humillado y avergonzado como el rebelde más intolerable de la humanidad. Luego subió a una cruz para llevar sobre sí el pecado del más repugnante, descarado y malvado de la historia. Finalmente, resucitó para demostrar que su amor triunfó sobre la muerte en beneficio de cada ser humano que haya tenido vida, nacido o no. Sin condición alguna, ofrece ese regalo de perdón y vida eterna al que menos lo merece. «Dios estaba en Cristo reconciliando consigo al mundo, no tomándoles en cuenta a los hombres sus pecados […] Al que no conoció pecado, por nosotros lo hizo pecado, para que nosotros fuésemos hechos justicia de Dios en él» (2 Corintios 5:19, 21 RV60). El regalo de esa justicia contiene dos asombrosas bendiciones. La primera es el don infinito de la vida eterna, pues en su cuerpo Cristo deshizo la maldición contra nuestra vida, y nos liberó así del pecado y su consecuencia de muerte. La segunda bendición es que nos arropa con su amor en esta vida actual. Nada nos salva de nosotros mismos como vivir en la burbuja de su amor. Bajo sus alas somos regenerados, cuidados, protegidos, y sobre todo, amados como nadie más nos podría amar. «Miren cuán gran amor nos ha otorgado el Padre: que seamos llamados hijos de Dios. Y eso somos […] Y todo el que tiene esta esperanza puesta en Él, se purifica, así como Él es puro» (1 Juan 3:1, 3 NBLA). «En el amor no hay temor, sino que el perfecto amor echa fuera el temor» (1 Juan 4:18 RV60). No tienes nada que temer. De ese programa jamás te vas a querer salir. ¡Es el programa de tu vida ahora y por la eternidad!

60

¡La regué!

> «Les digo la verdad, el grano de trigo, a menos que sea sembrado en la tierra y muera, queda solo. Sin embargo, su muerte producirá muchos granos nuevos, una abundante cosecha de nuevas vidas» (Juan 12:24 NTV).

«Me voy a robar esta caja de cervezas». Con esas palabras, el muchacho puso un cartón de seis cervezas sobre la mesa del cajero. Luego, mirando fijo al cajero, tomó el cartón y salió del negocio silbando. Subió a su coche, y haciendo un gesto obsceno con los dedos, se despidió del cajero. En segundos, el dependiente memorizó la placa del coche. En menos de una hora, el ladroncillo burlón estaba en la comisaría. Ahora, días después, estaba cabizbajo en la sala de entrevistas del tribunal de menores junto con su madre y su abogado. El abogado tomó la palabra. —Cristóbal, ¡no lo puedo creer! ¿En qué estabas pensando? ¿Lo olvidaste? Estabas en libertad condicional. Cumples dieciocho en una semana más; el juez iba a cerrar tu caso si no hacías nada malo. Cristóbal, ¡una semana más! Ahora tu expediente va a quedar sucio, y te seguirá en tu vida de adulto. —Yo traducía cada frase a la madre. —¿Ya le dijiste a tu madre lo que pasó? Señora, ¿él le ha dicho algo? ¿Le dijo lo que pasó?

La madre tenía una expresión de incredulidad y confusión. —No, no sé nada; él no me ha dicho nada. —El abogado continuó: —Cristóbal, hace seis meses estuviste aquí por un caso idéntico, y el juez te dio la libertad condicional cuando vio tu foto de graduación de la secundaria. ¡Todos estábamos tan orgullosos de ti! ¡El informe policial dice que confesaste más de treinta robos así! Y ahora, ¿qué le digo al juez? —Mirando sus zapatos, respondió: —La regué... [cometer un error]

Y eso es lo que hemos hecho como humanidad: «La regamos». Hemos arruinado un hermoso planeta, dañando irreversiblemente su atmósfera, su tierra y sus aguas. Con nuestros odios y avaricia, hemos cosechado guerras, divisiones, matanzas, robos de tierras, millones de personas desplazadas de sus pueblos y hogares, sobreexplotación de los recursos naturales, celos y rencores entre familias, venganzas, atropello de los derechos humanos, e incontables injusticias, tanto en la familia como entre las naciones. Parece extraño, pero en el inocente llanto de un recién nacido se escucha el anuncio: «¡Aquí hay un nuevo pecador! Mi padre fue Adán, ¡un incrédulo, mentiroso y desleal!». Si prestas atención, escucharás más: «Daré dolores de cabeza a mis padres, los voy a frustrar, voy a decepcionar a mis maestros, y me pillen o no, voy a desobedecer innumerables veces, voy a decir mentiras, y cometeré infracciones y delitos». Hasta que se anunció el nacimiento de otro niño, totalmente diferente: «Nos ha nacido un niño, Dios nos ha dado un hijo: a ese niño se le ha dado el poder de gobernar; y se le darán estos nombres: Consejero admirable, Dios invencible, Padre eterno, Príncipe de paz» (Isaías 9:6 TLA). Su primer llanto hizo un anuncio diferente: «Voy a poner fin al dominio del pecado sobre la humanidad. Viviré y moriré en lugar de ella. Siempre amaré y obedeceré de acuerdo con la voluntad del Padre. Subiré a una cruz y llevaré el peso del pecado de la humanidad en mi cuerpo. Reconciliaré todas las cosas en los cielos y en la tierra con el Padre y conmigo mismo». E hizo un voto: «He aquí que vengo, oh Dios, para hacer tu voluntad» (Hebreos 10:7 RV60). Y esa voluntad del Padre era que aquel niño se convirtiera en nuestro Sustituto. En la vida y en la muerte. Desde el primer respiro hasta el último suspiro. Y así fue. En vez de «regarla», construyó. Edificó una vida santa y pura, llena de obediencia, santidad, amor, paciencia, bondad. Con su sacrificio obtuvo pleno perdón para todo aquel que «la riega». Porque todo lo que tú arruinaste, él lo reparó. Y ¿cómo lo logró? «Les digo la verdad, el grano de trigo, a menos que sea sembrado en la tierra y muera, queda solo. Sin embargo, su muerte producirá muchos granos nuevos, una abundante cosecha de nuevas vidas» (Juan 12:24 NTV). Ya no tienes por qué lamentar lo que hiciste y fijar la vista en tus zapatos. Levanta la mirada. Fíjate en la vida de él. Es la vida tuya, y solamente por fe. Nadie podrá quitarte lo que él te ha dado. «Yo he venido para que tengan vida, y para que la tengan en abundancia» (Juan 10:10 RV60).

61

Vino por lana, y salió trasquilada

«Como cordero fue llevado al matadero. Y como oveja en silencio ante sus trasquiladores, no abrió su boca» (Isaías 53:7 RV60). «Estas se han escrito para que ustedes crean que Jesús es el Cristo, el Hijo de Dios, y para que al creer en su nombre tengan vida» (Juan 20:31 NVI).

Desde el estrado, el juez resumió el caso: —Esta es la demanda de la señora Dolores de Reclamos contra el señor Nopuedo Conella. La señora pide un aumento en la manutención de sus hijos. Dice que los cien dólares mensuales que recibe de su ex no le alcanzan, porque ahora ella no trabaja, y hace tres meses dio a luz a un niño. —Ahora el juez se dirigió a la señora. —¿Usted está trabajando? —No, su Señoría. Mi trabajo es mi hogar. Tengo cinco hijos. Los tres de él, y dos con mi nuevo esposo. —El juez continuó su indagatoria: —Y su nuevo marido, ¿trabaja? —Mi nuevo marido gana muy bien. Él sí sabe cómo cuidar de una mujer. Por eso yo dejé de trabajar. —Pero ¿usted sufre de alguna enfermedad o incapacidad que le impida trabajar? —No, su Señoría, yo gozo de buena salud. —Entonces, ¿cómo espera que su exmarido trabaje, para mantener a sus hijos, pero usted no? ¿Acaso no son sus hijos también? —Sí, pero es que ahora tengo también dos hijos más, con mi nuevo esposo. —Eso está bien, pero ¿significa que sus otros hijos dejan de ser sus hijos, y solo son responsabilidad del papá? ¡No, señora! Le doy sesenta días para que consiga trabajo. Y a partir de esa fecha, si usted gana, digamos, el salario mínimo, y con el buen salario de su marido... Aquí está el cálculo, según la fórmula de manutención: usted deberá pagarle a su exmarido la suma de ciento cincuenta dólares al mes. —Mientras la señora salía de la sala, escuché que alguien murmuró: «Vino por lana, y salió trasquilada».

Podríamos debatir si el fallo del juez fue justo o no. Pero en el tribunal de Dios, las cosas fueron al revés. ¡El que vino por ovejas salió trasquilado! La Escritura dice: «Como cordero fue llevado al matadero. Y como oveja en silencio ante sus trasquiladores, no abrió su boca» (Isaías 53:7 RV60). Pero ¿cómo fue que lo llevamos al matadero? ¡Lo castigamos por amarnos tanto! Clavamos en la cruz lo que él vino a darnos: ¡su propia vida! Lo rechazamos como nuestro Sustituto.

¿Nosotros? Pero ¡es que nosotros no necesitamos un Sustituto! Quizás solo alguien que nos dé un empujoncito de vez en cuando. Alguien que nos anime y felicite por todos nuestros logros espirituales. ¿Acaso no tenemos grandes cualidades humanas con las cuales podemos agradar a Dios? ¡No queremos tirarlas a la basura! Hay que aprovecharlas. Pero ¿un Sustituto? Esa idea solo nos dice que lo que podemos ofrecer no es suficiente, ¡que no vale para nada! Así que, si se ofrece para ser nuestro Sustituto, ¡al matadero con él! Él ofende nuestra capacidad espiritual de superarnos, ¡de transformarnos! Todo lo que necesitamos es conocer los pasos correctos para superar nuestras faltas, ¡y podremos presentarnos justos y vencedores ante Dios! Pero, en vez de eso, nos mostró los pasos hacia la cruz, y nos pidió que lo siguiéramos hasta el Calvario. No está bien. A Jesús le habría ido mejor si no hubiera sido tan exagerado. Y haberse ofrecido como sacrificio y Sustituto ante Dios fue un poco extremo, ¿no es cierto?

Aunque él sabía que lo rechazaríamos como nuestro mayor regalo, se dio a sí mismo para perdonar nuestro rechazo, incredulidad, orgullo, y hasta nuestra piadosa soberbia espiritual. «Despreciado y desechado entre los hombres [...] escondimos de él el rostro, fue menospreciado, y no lo estimamos [...] Ciertamente él llevó nuestras debilidades» (Isaías 53:3–4 RV60). Lo cortamos de la tierra de los vivientes, y trasquilamos su vida.

Pero él permitió que lo trasquiláramos, y con esa lana, confeccionó un manto de justicia para reemplazar el nuestro, que no vale nada. Perseveró contra nuestra incredulidad, nuestra terquedad, y nuestro capricho de insistir en cubrir nuestros pecados con algo nuestro. Él vio cuán absurdo es nuestro pensamiento, que pretende cubrir pecado con pecado, imperfección con imperfección. Tuvo misericordia de nosotros, «Porque él conoce nuestra condición; se acuerda de que somos polvo» (Salmo 103:14 RV60). Y ¿qué ganó él con todo eso? El gozo de venir ante el Padre y exclamar: «Aquí estoy con todos los hijos que me diste» (Isaías 8:18 Paráfrasis del autor), y no me falta ninguno. Y por medio de la gracia, solo por fe, ¡tú y yo somos parte de esa familia!

62

Se me hizo fácil

«En seguida Jesús se fue un poco más adelante, se inclinó hasta tocar el suelo con la frente, y oró diciendo: "Padre mío, si es posible, líbrame de este trago amargo; pero que no se haga lo que yo quiero, sino lo que quieres tú"» (Mateo 26:39 DHH).

Los jueces del juzgado de menores tienen varias opciones a la hora de castigar a los jóvenes delincuentes. Pueden encerrarlos, darles libertad supervisada, trabajos en la comunidad, o imponerles una multa. Hoy se presentaba un joven de catorce años acusado de robar cuatro cervezas de una tienda. El informe policial decía que era una noche de invierno. El joven entró al negocio con un abrigo largo. Caminó por los pasillos hasta detenerse frente a las heladeras de cerveza. El video de seguridad muestra que abrió las puertas, y segundos después, retrocedió. Llegó a la caja, pagó un paquete de goma de mascar, y salió. En el estacionamiento lo esperaba una furgoneta con tres muchachos más. En el momento en que daban marcha atrás, dos patrullas de la policía les cerraron el paso. Tres muchachos lograron salir corriendo, pero cuando el ladroncillo quiso huir, su abrigo se enganchó en la puerta. Al forcejear, las botellas de cerveza cayeron y rodaron por el asfaltado mientras los policías se acercaban. Ahora el joven estaba ante el juez. —Joven, ¿por qué robó esas cervezas? —Luego de un incómodo silencio, balbuceó: —Se me hizo fácil, su Señoría. —¿Fácil? —preguntó el juez—. Escríbame mil veces: «Se me hizo fácil, su Señoría». Use estas hojas con líneas. Por ambos lados. Use cada línea. Tiene treinta días. Es fácil. Son solo treinta y tres líneas por día. Nada de trampas con fotocopias ni pedir ayuda. Yo las voy a revisar. Adiós.

Treinta días después, el joven se presentó con un cuaderno bastante usado. —¿Se le hizo fácil? —preguntó el juez. —Nunca pensé que un «Se me hizo fácil» iba a ser tan difícil, su Señoría. Gracias por la lección. —Atrás, los padres lucían una gran sonrisa. Estoy seguro de que «se les hizo fácil» sonreír.

Desde nuestros primeros padres, todos hemos usado una versión de la misma excusa. «Se me hizo fácil», dijo Adán. «La mujer que me diste me dio de comer». «Se me hizo fácil», dijo Eva. «La serpiente me engañó, y comí». «Se me hizo fácil decir esa mentirita blanca (o mentir en la planilla de pagos, o copiar durante la prueba)». Lo más fácil para el comportamiento humano es hacer lo prohibido, lo engañoso, lo dañino. Pero, por más fácil que parezca, alguien tiene que pagar el daño. Es entonces cuando nada se hace fácil. De hecho, pagar lo «fácil» fue tan difícil que, en el huerto de Getsemaní, Jesús sudó grandes gotas de sangre, rogando por nosotros, sufriendo nuestro castigo y llevando nuestra culpa. «Padre mío, si es posible, líbrame de este trago amargo; pero que no se haga lo que yo quiero, sino lo que quieres tú» (Mateo 26:39bDHH). Lo difícil aún estaba por llegar. Al hacerse pecado por nosotros, soportó el peor sufrimiento. Su dolor fue tan fuerte que se sintió abandonado por el Padre. En extrema angustia, clamó: «Dios mío, Dios mío, ¿por qué me has desamparado?» (Mateo 27:46 NVI). Sin embargo, ¿cuántas veces tenemos que escribir como castigo «Se me hizo fácil»? Si el mar fuera tinta, no sería suficiente. Basta con que él haya escrito «Te amo» con su propia sangre, y tu propio nombre, allí en el madero, en la cruz. Escríbelo, llena un cuaderno, llena todos los que quieras: «Soy perdonado, y por eso ¡te adoro!».

63

Si usted no firma, firmo yo

En seguida Jesús se fue un poco más adelante, se inclinó hasta tocar el suelo con la frente, y oró diciendo: «Padre mío, si es posible, líbrame de este trago amargo; pero que no se haga lo que yo quiero, sino lo que quieres tú» (Mateo 26:39 DHH).

La pareja estaba en los últimos trámites del divorcio. El juez ya había dictado el fallo de disolución matrimonial. Solo faltaba confirmar la distribución final de los bienes. Poco después de casarse, los esposos habían comprado una casa, la cual adquirió una buena plusvalía. El juez había dictado que ambos firmaran un escrito autorizando a un agente inmobiliario a vender la casa. También había dado catorce días para firmar el documento. Ahora, noventa días después, la señora se quejaba ante el juez de que su exesposo no había firmado. Un comprador había ofrecido el precio de venta, pero esta no se había podido consumar porque el marido no había firmado. La señora estaba furiosa. —Él siempre ha sido así; promete, pero no cumple. Ahora se perdió esa oportunidad. —El juez se dirigió al hombre: —¿Recuerda que le di dos semanas para firmar? ¿Por qué no firmó? —Es que tuve que salir del país. Mi abuelita está muy enferma en su tierra; ella fue como mi madre, y tuve que ir a verla. —Es mentira, su Señoría. Él no quiere vender la propiedad para no darme la mitad que me corresponde —repuso la señora. —Mire, señor —dijo el juez—. Me parece más que una coincidencia que su abuelita se haya enfermado justo cuando apareció un comprador ofreciendo un buen precio. Usted no salió del país sino hasta once días después de mi orden. Dado que usted no firma, firmaré yo. Haciendo uso de mi discreción judicial, autorizo a mi asistente a firmar todos los documentos correspondientes a la venta de su propiedad. ¡He dicho!

Hace muchos años, Dios dio su ley, y pidió que Israel firmara. Aquel pueblo dijo que sí, que la cumpliría, por el bien del prójimo, del planeta, y para la gloria de Dios. Firmó, pero no cumplió. Y lo mismo ha hecho toda la humanidad. De una manera u otra, todos firmamos asegurando que seríamos buenas personas, respetuosos, considerados, honestos. Pero cuando se nos pone a prueba, hacemos todo lo contrario. Nuestro futuro quedó bajo condena. Lo perdimos todo. Hasta que llegó Cristo, y dijo: —Yo firmaré en favor de todos los que no cumplen. —Pero, se aprovecharán de ti, despreciarán tu buen gesto, ¡incluso te clavarán en una cruz! A otros sencillamente no les importará lo que hayas hecho. ¡No lo hagas! —No lo hago por lo que piensen; no importa si valoran o no mi sacrificio. Lo hago porque los amo (Juan 3:16). Algunos me harán caso; algunos creerán en mí. Lo hago por los más necesitados; por los que más desconfían de sí mismos. Lo hago por los más débiles; aquellos que lo han intentado todo, pero siempre han fracasado. Por ellos, y solo por ellos, firmo yo. «Porque el Hijo del Hombre vino a buscar y a salvar lo que se había perdido» (Lucas 19:10 RV60).

Y así fue. Él solo firma por aquellos cuyas manos tiemblan de temor, o de culpa, por los golpes de la vida. Él solo firma por los que tienen letra fea; por los iletrados en la fe. Él solo firma por aquellos que, en vez de su nombre, pueden solamente poner una «X». Él solo firma por quienes solo pueden balbucear «Firma tú por mí, ¡y seré salvo, yo y toda mi casa!». Y él sí cumplió. Allí en la cruz, estaba firmando con la tinta de su sangre, por ti. Como Juez del universo, firmó para garantizar tu salvación eterna. ¿Hay algo más que quieres que él haga?

64

Lo quiere más de lo que sufre

> «Y nos puso sobre sus hombros gozoso; al llegar a casa reunió a sus amigos y vecinos, diciendo: "Gozaos conmigo, porque he encontrado mi oveja que se había perdido". Os digo que así habrá más gozo en el cielo por un pecador que se arrepiente, que por noventa y nueve justos que no necesitan de arrepentimiento» (Lucas 15:5-7 Paráfrasis del autor).

—Y ¿por cuánto tiempo quiere la medida de protección? —preguntó la jueza. ¡Cuántas veces los jueces han hecho esa pregunta! De la respuesta depende el futuro de familias, amores, odios, rencillas, discordias, y miles de suspiros. En este caso, la solicitante era una señora de unos sesenta y cinco años, que pedía protección contra su propio hijo de treinta y dos. —¡Ay! No sé —fue la dolorida respuesta de la madre. Sus manos temblaban sobre la mesa, y las lágrimas rodaban incontrolablemente por sus mejillas. —Está bien —respondió la jueza, un tanto despiadada—. Será entonces por cinco años; el máximo. Tome asiento; en breve le daremos el escrito oficial. —¡Nooooo! —el llanto se convirtió en grito—. ¡Que no sea por tanto tiempo! ¡Mi marido morirá sin verlo! —suplicó. —Entonces, ¿tres, cuatro años? Las agresiones de su hijo contra ustedes son serias, señora. Les roba, los maltrata, violenta las ventanas y las puertas para allanar su casa. Con esa violencia mantiene su drogadicción. Esta es su oportunidad para protegerse. —¡Noooo, señora jueza! Un año basta. Mi marido tiene ochenta y un años; si no lo puede ver, sé que morirá pronto. ¡Sufre mucho por ese muchacho, pero lo quiere más de lo que sufre! —Bien, entonces será por un año. —Gracias, su Señoría. Todo lo que mi esposo quiere es poder escuchar su voz. —Entonces cambiaré la orden. Voy a permitir contacto solo por teléfono, pero si necesita más ayuda, aquí estaremos.

Esa fue la realidad de Dios ante la situación de la raza humana. Sufrió mucho por nosotros. Vio nuestra rebeldía, traición, deslealtad, perfidia. Adictos a nuestra maldad, robábamos el honor de su nombre. Lo calumniamos tratándolo de injusto, cruel, incluso innecesario, desubicado, irrelevante y obsoleto. Negamos su paternidad, y hasta su existencia. Por otro lado, incluso usamos el nombre de Dios para lucrar y engañar a otros. Pero nuestra peor jactancia fue presumir de nuestra perversa sabiduría: «Nuestro origen se encuentra en nosotros mismos. Surgimos espontáneamente del polvo de la tierra». ¿La reacción de Dios? Ni por un instante pensó en abandonarnos. Más bien, salió como el Buen Pastor en busca de sus ovejitas negras. Y pasando mil penurias, desde el pesebre en Belén hasta la cruenta cruz del Calvario, finalmente nos encontró atascados en nuestro lodo. «Y nos puso sobre sus hombros gozoso; al llegar a casa reunió a sus amigos y vecinos, diciendo: "Gozaos conmigo, porque he encontrado mi oveja que se había perdido". Os digo que así habrá más gozo en el cielo por un pecador que se arrepiente, que por noventa y nueve justos que no necesitan de arrepentimiento» (Lucas 15:5–7 Paráfrasis del autor). Es que no puede vivir sin nosotros; sufre por nuestra rebeldía, pero nos quiere más de lo que sufre. Y se goza no solo escuchando nuestra voz, sino que su felicidad es completa sintiéndonos a su lado. Así es como Jesucristo trata con tu vida y con la mía. «El amor consiste en esto: no en que nosotros hayamos amado a Dios, sino en que él nos amó a nosotros y envió a su Hijo, para que, ofreciéndose en sacrificio, nuestros pecados quedaran perdonados» (1 Juan 4:10 RVC).

65

Eso no fue gracia, fue un susto

> «El perfecto amor echa fuera el temor [...] Nosotros le amamos a él, porque él nos amó primero» (1 Juan 4:18 RV60). «En esto conocemos lo que es el amor: en que Jesucristo entregó su vida por nosotros» (1 Juan 3:16 NVI).

—Señor, hace cuatro semanas le pedí que fuera a doce reuniones de Alcohólicos Anónimos. Aquí usted me trae firmas por solo diez. Faltan dos. Le pedí que fuera a esas reuniones por ser la segunda vez que conduce ebrio. O ¿tendré que encerrarlo para que aprenda a contar? —El hombre temblaba. —Es que tengo una explicación. Quiero hablar con un abogado. —Hable con el abogado, pero ¡quédese aquí! No le permito salir de la sala sin mi permiso. —La historia del hombre era fascinante y creíble: —Estaba resfriado. Pasé por la casa de mi hermana, donde me quedé dormido viendo tele. A la una y media de la madrugada me desperté con mucho dolor de garganta. En la mesa de la cocina había un rociador para quitar el dolor. Como me dolía tanto que no podía ni tragar, me rocié la garganta al menos cuatro veces. Tomé mi coche para volver a casa, y fue entonces cuando me chocaron en la esquina. Llegó un policía. El agente me exigió salir del coche porque sintió alcohol en mi aliento. Me hizo soplar varias veces en la maquinita y me dijo que había salido bebido. Me llevó a la comisaría. De veras no sé qué pasó, ni por qué. —¿Cómo se llama esa medicina? —preguntó el abogado. Al escuchar el nombre, respondió:

—Esa medicina tiene un alto contenido de alcohol. Se le impregnó en la boca y usted sopló alcohol puro en el alcoholímetro. Hablaré con el juez; le contaré su historia. —Pero el juez no la creyó. Le recordó al acusado que era la segunda vez que lo detenían por conducir ebrio, y que le faltaban dos reuniones. —Tendré que encerrarlo. —El rostro del hombre se bañó en lágrimas. —Mis tres hijos, señor juez… —¡Debió pensar en ellos antes de tomar! —En eso, yo tuve que salir de la sala. Días después me encontré al juez, y le pregunté qué había pasado con el señor del dolor de garganta. —Lo dejé libre. —¿Cómo? —respondí—. Entonces ¿le extendió la gracia? —¿Gracia? ¡Nada! ¡Solo le di un susto! —replicó con una risotada—. ¡A veces tengo que asustarlos para que obedezcan!

Muchos piensan lo mismo de Dios. Que la religión solo sirve para asustar a la gente. Y luego, cuando el susto pasa, vuelven a lo mismo; dejan de creer. No están muy lejos de la verdad. Pero la verdad es que la Escritura dice que «el perfecto amor echa fuera el temor» (1 Juan 4:18 RV60). Igualmente, «En esto conocemos lo que es el amor: en que Jesucristo entregó su vida por nosotros» (1 Juan 3:16 NVI). El juez de nuestra historia no fue injusto ni mal intencionado al asustar al acusado. Estaba actuando conforme a la ley, y por eso usó la ley para infundir temor. Sin embargo, en lo que respecta a Dios y la humanidad, Jesús el Cristo se interpuso entre la ley y nosotros. Desde allí, exclamó: «¡Que el castigo justo de la ley caiga sobre mí, y no sobre estos pecadores que no saben lo que hacen!». Y así fue como subió a la cruz en tu lugar, y en el mío. Allí él sintió nuestro susto, nuestros remordimientos, nuestros quejidos de arrepentimiento; nuestro terror por todo el daño que nuestros pecados han causado a otros. Esos pecados que muchas veces hemos llorado a solas, cuando somos honestos con nosotros mismos. Para despojarnos de nuestro temor, él lo sintió todo, en su cuerpo, por nosotros. El que comprende esto, comprende que es amado. El amor demostrado en la cruz echa fuera tu temor. La ironía es que ¡Dios tiene que amarnos para que obedezcamos! Ese tipo de amor puede incluso asustar. Pero ese susto no nos hace morir. ¡El susto se convierte en amor, y nos da vida!

66

Testigo fiel

> «Porque de tal manera amó Dios al mundo, que ha dado a su Hijo Único, para que todo aquel que en Él crea, no se pierda, mas tenga vida eterna»; «Porque también Cristo padeció una sola vez por los pecados, el justo por los injustos, para llevarnos a Dios» (Juan 3:16 RV60; 1 Pedro 3:18 RV60).

El informe que el asesor de padres daba al juez no era nada bueno para la mamá. Al entrevistar a los niños, habían dicho que la madre bebía en casa, bebía mientras conducía, conducía muy rápido, los castigaba con un cinturón, y los maltrataba con malas palabras. El padre decía que todo era verdad, que sentía lástima por la madre, pero que ella estaba fuera de control. El padre pedía al juez toda la custodia. Pedía que la madre tuviera visitas con los niños, pero solo con un supervisor pagado.

—¿Ha visto usted a la madre maltratar a los niños? —preguntó el juez al joven padre. —Sí, su Señoría, muchas veces, las mismas veces que he tenido que intervenir. —Son mentiras, señor juez —replicó la madre. —¡No interrumpa! —exclamó el juez—. ¿Usted tiene testigos, señor? —Sí. Está afuera. Es la encargada de los apartamentos donde vivo. —¡No, su Señoría! ¡Ella es la causa de todos nuestros problemas! Ella es su amante; fue por ella que nos separamos. —Que pase —dijo el juez fríamente. Luego de que la testigo afirmó que en varias ocasiones había visto a la madre tratar a los niños con golpes y empujones, el juez le preguntó: —¿Usted tiene algo personal o íntimo con el padre de los niños? —Para nada, su Señoría; yo mantengo una relación profesional con todos los inquilinos. —La madre prorrumpió en lágrimas. El juez dictó en favor del padre. Le dijo que esperara afuera de la sala para recibir las órdenes de custodia. Poco después, la secretaria del juez salió, entregó los documentos, y volvió al tribunal pálida. Con voz trémula, le dijo al juez: —Esa señora estaba mintiendo. Cuando salí con los papeles, él la llamó, y le dijo: «Ven, mi amor, aquí están todos los papeles que queríamos».

En el tribunal divino, Jesucristo es todo lo contrario. Testifica en contra de sí mismo, y da testimonio en nuestro favor. Dios Padre le pregunta: —¿Es cierto que tú, mi Hijo, cometiste todos los pecados de _________? (pon tu nombre) —Sí, Dios Padre. Sin faltar uno solo, yo me declaro culpable. Por él, y por todo ser humano, me declaro culpable. Yo cometí las faltas que todos ellos cometieron. Soy el pecado mismo. Para quitar el pecado, tienes que permitir que yo muera en nombre de todo ser humano. Cuando yo muera, en mí morirá todo el pecado, y para siempre.

Este es un misterioso pero glorioso intercambio. En la cruz, Jesucristo recibió en su persona todos los pecados, odios e inhumanidades de cada ser humano, contra todos y contra el mismo planeta. De igual manera, toda su justicia, santidad y perfección pasó a la cuenta y a favor de todo pecador. Se incluye a todos, sin importar género, raza, color, situación socioeconómica, o cualquier otra cosa. De tal manera que no hay lugar, en la cuenta de ningún pecador, para ninguno de sus propios pecados. No caben. La vida de Cristo lo ha llenado todo. Esto necesitamos pensarlo más de dos veces para entenderlo, pues es la lógica divina, no la humana. Pero si tu lógica es insuficiente, recurre a la fe. «Porque de tal manera amó Dios al mundo, que ha dado a su Hijo Único, para que todo aquel que en Él crea, no se pierda, mas tenga vida eterna [...] Porque también Cristo padeció una sola vez por los pecados, el justo por los injustos, para llevarnos a Dios, siendo a la verdad muerto en la carne, pero vivificado en espíritu» (Juan 3:16 RV60; 1 Pedro 3:18 RV60). Todo lo que necesitas es fe en ese testimonio verdadero. ¡Y la justicia de Cristo es todo lo que nos mantendrá con vida por la eternidad!

67

La verdad y toda la verdad

«Yo para esto nací, y para esto vine al mundo: para dar testimonio de la verdad. Todo el que está de parte de la verdad escucha mi voz» (Juan 18:37 NVI).

Cuando la señora se acercó para prestar juramento, levantó la mano derecha ante la actuaria mientras yo interpretaba: «¿Declara usted solemnemente que el testimonio que dará en esta causa, ante este tribunal, será la verdad, toda la verdad, y nada más que la verdad?». Era un caso muy serio. Su marido (el abuelo) había sido acusado por la nieta de nueve años de haberla manoseado mientras ella dormía. La fiscalía alegaba que los incidentes habían ocurrido durante las visitas de la niña a la casa de sus abuelos, y ahora era la abuela quien se presentaba para dar su testimonio. La abogada defensora alegaba que la niña mentía porque su mamá y su otra abuela le habían dicho que dijera eso. También alegaba que se trataba de un desquite, porque esos abuelos no habían incluido a la mamá de la niña en una gran herencia de bienes y terrenos. Durante el interrogatorio, la fiscalía preguntaba sin tregua: «¿Cuántas veces al mes había pasado la noche en su casa?». Era difícil traducir las respuestas de la abuela. Sus palabras salían entrecortadas; comenzaba, se detenía, titubeaba, y finalmente respondía en voz muy baja. A veces respondía: «Una o dos veces al mes»; otras: «Dos veces cada seis meses». ¿Cuál era la verdad? La niña ya había dado su testimonio (luego de que el juez la examinara para ver si sabía la diferencia entre la verdad y la mentira). Dijo que su mamá y su otra abuela le habían dicho que dijera que el abuelo la había manoseado. Que su acusación no era verdad, pero que, cuando los detectives le habían ofrecido unas paletas de helado, había dicho que bueno, que sí la había tocado en sus partes privadas, pero solo un poquito. Pero que, en realidad, no era verdad. ¿Cuál era la verdad?

Se dice que Diógenes, el antiguo griego, caminaba por las calles con una antorcha encendida a pleno sol. Cuando le preguntaban por qué hacía esa locura, respondía con un gran lamento: «Ando buscando una persona honesta sobre la faz de la tierra». El único hombre honesto que se ha levantado para responder ha sido Jesús de Nazaret. Pero pocos le creen. Ante Pilato, quien tenía el poder de enviarlo a la cruz o dejarlo libre, Jesús dijo: «Yo para esto nací, y para esto vine al mundo: para dar testimonio de la verdad. Todo el que está de parte de la verdad escucha mi voz». «¿Y qué es la verdad?», preguntó Pilato (Juan 18:37–38 NVI). Pilato tenía la verdad justo enfrente; la estaba mirando con sus propios ojos, y no la podía ver. ¿Cuál era esa verdad? Que ese mismo Jesús, de cuyo destino pronto se lavaría las manos, estaba por ir a la cruz para dar su vida, y derramar su sangre, para perdonarlo de la misma injusta condena que pronunciaría en ese momento: «¡Sea crucificado!».

Jesús fue a la cruz para sufrir el castigo por nuestra incredulidad y falta de fe; por nuestra vida de mentira ante quienes nos rodean, y por lavarnos las manos de nuestra responsabilidad para con nuestro prójimo. Porque ¿quién de veras dice la verdad y la vive a cada instante? ¿Quién no la tuerce aunque sea un poco? ¿Quién no miente ante la sencilla pregunta «¿Cómo estás?»? Ante la mentira de nuestra vida, se levanta la verdad de la única vida justa, sincera e infinitamente honrada de Jesús de Nazaret. Y cuando creemos en él, esa es la verdad que Dios ve al posar sus ojos sobre nosotros. La verdad, toda la verdad, y nada más que la verdad. Él es nuestra verdad. Él ya levantó la mano y juró que murió para regalarte esa verdad. No nos preguntó si le creíamos, o si la queríamos, porque habríamos dicho una mentira. Lo hizo solo porque nos ama. Sin pedirte nada, y solo porque te ama. Ah, y no lo olvides, toda su herencia también es tuya. Es la pura verdad.

68

Tres preguntas

> «Así Cristo amó a la iglesia, y se entregó a sí mismo por ella [...] a fin de presentársela a sí mismo, una iglesia gloriosa, que no tuviese mancha ni arruga ni cosa semejante, sino que fuese santa y sin mancha» (Efesios 5:25, 27 RV60).

No importa la edad de la pareja, ni sus años de casados, o si tienen hijos, o si tienen bienes en común. El momento en que el juez declara: «Ya no están casados; de aquí en adelante cada cual vive en soltería», crea un ambiente solemne y silencioso en la sala judicial. Pasados unos segundos, se oye el quieto crujir de papeles sobre la mesa, algunos suspiros de alivio, y alguien susurra: «Felicitaciones, felicitaciones». Las sillas rechinan al moverse, y los cuerpos que alguna vez anduvieron de la mano evitan encontrarse al salir. Son momentos de reflexión. Un gran contraste con el día de la boda. En una iglesia. En su interior, decoraciones delicadas; todas las flores simbólicas de la frescura del amor de la pareja. Rodeados de amistades, parientes, damas en delicados y hermosos vestidos, jóvenes con esmoquin, música romántica de fondo; el novio radiante y elegante con su imborrable sonrisa, y por supuesto, la novia con su espléndido vestido.

En la mesa del divorcio, la sala luce austera, sin decorado de flores, sin ninguno de los invitados a la boda; y como música de fondo, se oye el tic tac del reloj en la pared. En vez del sacerdote, tomando los votos, ahora es el juez quien hace tres preguntas. «¿Han surgido diferencias irreconciliables entre ustedes dos?». Si cualquiera responde con un sí, el juez continúa. «¿Sería provechoso para la restauración de la relación que el tribunal les ofreciera terapia matrimonial?». Si cualquiera responde que no, el juez prosigue. «¿Se ha quebrantado la relación matrimonial a tal punto que ya no tiene remedio?». Si cualquiera responde que sí, el juez entonces declara: «Su estado matrimonial ha terminado; quedan libres para vivir en soltería». ¿Qué? ¿Son estos dos los mismos que se juraron amor eterno, que se besaron tiernamente frente al altar, gozaron de una apasionada luna de miel, unieron sus fuerzas, lucharon juntos, formaron un hogar, criaron hijos, y celebraron sus cumpleaños y sus triunfos? ¿Qué pasó? ¿Qué causas condujeron a este desenlace tan infeliz e inesperado?

La humanidad ha interpuesto una demanda de divorcio contra Dios. ¿Las razones? Lo acusan de ser un marido ausente. Muchos creen que ni siquiera existe. Y aun así, le echan la culpa de todo (aunque no creen en su existencia): guerras, hambrunas, enfermedades, pandemias, odios, hijos ingobernables, defectos de nacimiento, muchas religiones, pobreza, calentamiento global, huracanes, accidentes aéreos, hundimientos de barcos repletos de gente, ¡y muchas cosas más! La humanidad quiere divorcio, y de inmediato. Pero mientras nos lamentamos, discutimos, y acusamos a Dios y a los que creen en él, no nos damos cuenta de que somos amados y ya estamos en sus brazos para siempre. Mientras culpamos a Dios por ponernos en un universo sin sentido, y porque todos llegaremos a ser nada más que polvo de estrellas, nuestro destino es «Un cielo nuevo y una tierra nueva donde mora la justicia» (2 Pedro 3:13 Paráfrasis del autor). Por eso es que no secunda nuestra demanda de divorcio. Su respuesta a todas las preguntas es: «Yo nunca me olvidaré de ti. He aquí que en las palmas de las manos te tengo esculpida» (Isaías 49:15–16 RV60). No te puedo abandonar; eres mi creación, la obra de mis manos. Mi corazón se conmueve de amor dentro de mí; mi compasión arde por tu redención.

Dios, en su amor, se opone a nuestra demanda de divorcio. Pero no intervino con tablas de piedra, ni en nuestro corazón de carne. Lo hizo en su propio corazón de carne, manifestado en Jesucristo, quien dio su vida en la cruz para impugnar nuestra demanda de divorcio. En la cruz, él se convirtió en nuestra falta de fe, nuestros deseos contrarios, odios, furias y espíritu de venganza. Todo lo asumió en su propio ser. No hay manifestación de maldad en nuestro ser que no haya quedado enterrada en la pureza del suyo. ¿Por qué? Para presentarnos hoy, no mañana, ante el Juez eterno como «una iglesia gloriosa, que no tuviese mancha ni arruga ni cosa semejante, sino que fuese santa y sin mancha» (Efesios 5:25 RV60). Así es como el Juez eterno no toma en cuenta nuestra demanda, ni nuestras quejas, ni el hecho de que lo culpamos de todos nuestros males. La música de la fiesta nunca ha cesado. Sigue sonando. «Aclamad a Jehová con arpa; cantadle con salterio y decacordio. Cantadle cántico nuevo; hacedlo bien, tañendo con júbilo [...] de la misericordia de Jehová está llena la tierra (Salmo 33:3, 5 RV60). Rompamos en mil pedazos nuestra demanda de divorcio, pues su propio amor ha conquistado nuestro corazón.

69

Viene por nuestra hija

«Mas el fruto del Espíritu es amor, alegría, paz, paciencia, amabilidad, bondad, fidelidad, humildad y dominio propio. No hay ley que condene estas cosas» (Gálatas 5:22–23 NVI).

La señora pedía una medida de protección para ella, su esposo y su hija de quince años. Yo estaba atento para traducir toda la audiencia. Hubo un silencio mientras el juez leía la demanda. —Y ¿dónde está el demandado? —preguntó el juez. —No sé —dijo la señora—. Él sabía que tenía que estar aquí. Su Señoría tiene el comprobante de que se le entregó la citación. —Cierto. Sigamos adelante. Señora, ¿usted jura que todo lo que usted escribió aquí es verdad? —Sí, su Señoría. —Bien, entonces vamos al caso. Señora, ¿usted dice que este señor viene por su hija de quince años? —Así es, su Señoría. —Pero él tiene treinta y dos —añadió el juez—. Y ¿a qué se refiere exactamente cuando dice «él viene por mi hija»? —Bueno, ahí estábamos mi esposo y yo, sentados afuera, y llega él, todo borracho, y dice que se quiere casar con ella. Y yo le digo: «Ella es una menor de edad, ¿usted sabe lo que está diciendo?». —Y entonces, ¿qué hace él? —pregunta el juez. —Pues se va, pero al rato vuelve. Él vive justo enfrente, cruzando la calle. Mi hija le tiene mucho miedo, y nosotros también. No sabemos lo que podría hacer. —Y ¿ese es su esposo, y esa es su hija, en el público? —preguntó el juez. —Sí, ellos son —respondió la señora. La niña apenas parecía haber entrado en la pubertad, y aún tenía más rasgos de niña que de adolescente. —

Bien, señora. Le concedo la medida de protección por cinco años. Le entregaremos una copia al demandado, pero usted lleve una copia a la comisaría. Tan pronto como lo vea cruzar la calle, no espere, llame a la policía de inmediato. Ahí mismo lo van a arrestar. —Semanas después, yo estaba mirando la lista de los nuevos detenidos, y reconocí el nombre del sujeto. Había sido arrestado por violar la orden de alejamiento.

El comportamiento de este hombre me recuerda a los hombres de Sodoma. Vivían en un estado de constante lujuria. Cuando Dios envió dos ángeles para salvar a Sodoma de la destrucción inminente, los hombres rodearon la casa de Lot. Tenían la intención de obligar a Lot a entregárselos, ¡para violarlos en público! La respuesta de Lot no fue muy diferente cuando les ofreció entregarles a sus hijas vírgenes en vez de a los ángeles. Estos tuvieron que herir a los hombres con ceguera. Y aun ciegos, buscaron a tientas la puerta para forzar su entrada. Ese era el fango moral en el que vivían Lot y su familia en Sodoma. Pero la intención de Dios era salvar a Lot y a su familia. La Escritura registra que «Dios les tuvo compasión» (Génesis 19:16 TLA). La palabra hebrea aquí significa «un intenso deseo de mostrar compasión».

De modo que en la historia tenemos dos deseos intensos que chocan entre sí. Por un lado, el intenso deseo de los hombres de Sodoma de perjudicar a Lot, su familia, y los dos ángeles visitantes. Por el otro, el intenso deseo que Dios tenía de mostrar compasión a Lot y su familia. El intenso deseo de Dios entra en el lodazal de Sodoma para salvar a los que confían en su misericordia. Y es que la fe de Lot y de su familia tampoco eran gran cosa: los ángeles tuvieron que llevarlos de la mano para sacarlos de la ciudad. El extremo deseo que Dios tenía de salvarlos los sacó con mano fuerte. Su intenso deseo de salvarnos es tan extremo que vino a este planeta —que bien podríamos llamar Sodoma, por sus injusticias—, y clavó una cruz en la mitad de nuestra ceguera para que, al menos a tientas, lo buscáramos. Y aunque pensemos que finalmente lo encontramos, es él quien nos encontró. Los ángeles sabían dónde estaba Sodoma. Y nos sacan de nuestras ciudades en llamas —las ciudades que creamos dentro de nosotros mismos— y nos llevan sanos y salvos a la seguridad que hay en la persona de Cristo. Allí él nos dice: «Nunca te dejaré ni te abandonaré» (Josué 1:5 RV60).

70

Yo soy su abogado, voy a resolver su caso

«Mis queridos hijos, les escribo estas cosas para que no pequen. Pero, si alguno peca, tenemos ante el Padre a un intercesor, a Jesucristo, el Justo» (1 Juan 2:1 NVI).

El jovencito de catorce años entró a la sala con sus padres y su abogado. A pesar de su buen aspecto físico, ¡tenía el rostro pálido! Y aunque sus padres también parecían gente de bien, el temor se reflejaba en sus miradas. Por su parte, el abogado leía el expediente. Finalmente levantó el rostro y miró a los padres con una leve sonrisa. —Miren, el caso es serio. Las acusaciones de la niña son graves, pero confíen; yo soy su abogado, les voy a resolver el problema. —¿Qué tan graves? —preguntó la madre. —Si el joven fuera mayor de edad, se enfrentaría a un mínimo de quince años de prisión —respondió el abogado—. Pero yo soy su abogado; les voy a resolver el problema. —Luego fue el padre quien rompió el silencio: —Y ¿cuáles son las alternativas? —Señor, el joven podría declararse culpable hoy mismo, y recibir una condena de seis meses en el reclusorio de menores, y luego tres años de libertad condicional, o hasta que cumpla la mayoría de edad. Pero yo soy su abogado; les voy a resolver el caso. —Y ¿si no se declara culpable hoy? —preguntó la madre. —Voy a pedir al juez que postergue el caso por sesenta días para investigar las pruebas y los alegatos. Mientras tanto, lleven al niño con un terapeuta de conducta sexual al menos tres veces por semana; que no pierda ninguna clase en su colegio, y que mejore sus notas escolares. Pero recuerden: yo soy su abogado, les voy a resolver el caso.

En ningún momento el abogado regañó al joven, ni lo humilló, ni lo censuró por su conducta ofensiva. El joven no dijo una sola palabra. Solo escuchó la voz del abogado repetir varias veces: «Voy a resolver el caso». Sesenta días después, el joven regresó. No había faltado a ninguna clase, cumplió con cada una de sus terapias, y mejoró sus notas. El abogado fue al grano en su petición: —En vista de la conducta intachable del joven durante los últimos sesenta días, solicito que el caso quede sobreseído. —Que así sea —concluyó el juez. Saliendo del tribunal, los papás y el joven lo abrazaban: —Tenía razón; usted nos resolvió el caso.

«Abogado tenemos para con el Padre, a Jesucristo el justo», afirma la Escritura (1 Juan 2:1 RV60). Y sin duda alguna, él nos resolvió el caso. «Ninguna condena, por tanto, pesa ya sobre los que pertenecen a Cristo Jesús» (Romanos 8:1 BLP). En el Antiguo Testamento, Moisés fungió de abogado entre Israel y Dios. En una gran crisis, cuando la ira de Dios se iba a descargar sobre Israel por su idolatría, Moisés suplicó a Dios: «Perdona su pecado, y si no, bórrame del libro que has escrito» (Éxodo 32:32 LBLA).

Allí estaba Moisés el abogado, intercediendo, intentando resolver el caso de Israel. Pero Dios rechazó su noble demanda. No habría funcionado, pues Moisés también era pecador. Dios respondió: «Al que pecare contra mí, a éste raeré yo de mi libro» (Éxodo 32:33 RV60); lo que quiere decir que Moisés también sería borrado del libro de Dios. Sí, aun Moisés, con toda su piedad, paciencia y virtudes, necesitaba un intercesor. Nuestro abogado designado, enviado por Dios, fue «Jesucristo el Justo» (1 Juan 2:1 RV60).

Él hizo lo que ningún otro abogado, terrenal o divino, podría haber hecho. Se hizo pecador por cada uno de nosotros para ser él mismo borrado del libro. De allí, su grito en la cruz: «Dios mío, Dios mío, ¿por qué me has desamparado?» (Mateo 27:46 NVI).

En otras palabras, él es nuestro supremo y singular abogado. No solamente intercede por nosotros como lo hizo Moisés, sino que se hizo el pecador que nosotros somos para recibir el justo castigo que merecemos, pero en su santo cuerpo. Luego nos declara tan justos como él, un regalo infinito que de ninguna manera merecemos. Nos lo da solamente por gracia, y lo recibimos solo por fe. Resolvió completamente nuestro caso ante Dios, una vez y para siempre. Jamás tendrá que hacerse nuevamente pecado por nosotros. Con un solo sacrificio le puso fin, y para siempre. Allí está él, ante nosotros. Y cuando lo celebremos con su presencia en el pan y en el vino, ¡abracémoslo con gozo por ese don tan grande que vive para siempre!

71

Yo soy Andrés Ricardo Mattías

> «Porque sin tomar en cuenta los pecados de la humanidad, Dios hizo la paz con el mundo por medio de Cristo y a nosotros nos ha confiado ese mensaje de paz» (2 Corintios 5:19 BLP).

—Yo no soy Andrés Ricardo Mattías; soy Andrés Melardo Mattías, dígale al juez. Estos cargos no son míos. No sé por qué estoy aquí. —Cuando la actuaria lo escuchó, contestó: —Estos acusados siempre dicen eso, señor juez. Dan nombres falsos, o añaden otros apellidos para evitar la culpa. Mire las firmas en los expedientes. Aquí no nos dejamos engañar. —Aunque los cargos no eran delitos mayores, tenían consecuencias migratorias, y si el señor se declaraba culpable, o se lo hallaba culpable, podían deportarlo. El riesgo era serio. Nuevamente el juez lo llamó. —¿Es usted Andrés Ricardo Mattías? —No, señor juez. Yo soy Andrés Melardo Mattías. Esos cargos no son míos. —Pero el expediente muestra la misma fecha de nacimiento para los dos nombres; tiene que ser usted. —Puede ser, señor juez. Pero insisto en mi identidad. Yo no soy Andrés Ricardo, sino Andrés Melardo. —Eso lo tendrá que decidir un jurado. Mientras tanto, le voy a imponer cárcel preventiva. Puede pagar una fianza de setenta y cinco mil dólares. Tome asiento y no se mueva hasta que yo se lo permita. —En eso entró un hombre corpulento al tribunal. —¿Quién es usted? ¿Por qué llega tarde? —preguntó el juez. —Mis disculpas, su

Señoría. Mi coche se descompuso. Yo soy Andrés Ricardo Mattías. —Un murmullo recorrió la sala. El juez llamó a Andrés Melardo y lo exoneró de todos los cargos. Andrés Ricardo se declaró culpable de las acusaciones y fue consignado a la cárcel.

Así de sencilla es la Buena Nueva del evangelio que se anuncia desde el tribunal de Dios a todo pecador. Jesucristo se presenta y se declara culpable en nuestro favor. Asume nuestra identidad. Acepta nuestro castigo, lo sufre, muere en mi lugar para que yo quede exonerado. Este es el milagro del amor divino, el misterio de la gracia. El inocente sufre por los culpables para que los culpables puedan ser declarados inocentes. Es totalmente contrario a la justicia humana. Pero, para Dios, es la única manera de condenar a todo pecador en la persona de Cristo, y al mismo tiempo, justificarlos con su vida. En Jesucristo, todos quedamos condenados, y por esa condena en un cuerpo ajeno, se nos absuelve de toda culpa, y para siempre. Si tu mente dio un vuelco al leer eso, léelo otra vez, porque se trata de ti, y es necesario que lo entiendas. La Escritura dice: «Porque sin tomar en cuenta los pecados de la humanidad, Dios hizo la paz con el mundo por medio de Cristo y a nosotros nos ha confiado ese mensaje de paz» (2 Corintios 5:19 BLP). Todo había sido predicho, y lo cumplió al pie de la letra, en favor del más pequeño y el más grande de los pecadores. «Mas él herido fue por nuestras rebeliones, molido por nuestros pecados; el castigo de nuestra paz fue sobre él, y por su llaga fuimos nosotros curados. Todos nosotros nos descarriamos como ovejas, cada cual se apartó por su camino; mas Jehová cargó en él el pecado de todos nosotros» (Isaías 53:5–6 RV60). Cuando lo creas, descubrirás tu verdadero nombre. Tu apellido es ahora «PERDONADO». Otro se presentó en tu nombre, y tomó todas tus cargas; todas tus ofensas ante el prójimo, ante ti mismo, y ante Dios. Tomó todas tus enfermedades, tus defectos de carácter y debilidades, para darte ese nuevo nombre. Pon tu firma. Con tu nuevo apellido. Será tu eterna identidad.

72

Nos dejaron solos

> «No os dejaré huérfanos»; «No te desampararé, ni te dejaré [...] no temeré lo que me pueda hacer el hombre» (Juan 14:18 RV60; Hebreos 13:5 RV60).

—Y ¿por qué no vas a la escuela? —preguntó el abogado al jovencito de trece años en la sala de entrevistas para menores detenidos. —Es que tengo que chambear [trabajar] y andar en mis tranzas. —El abogado le siguió la corriente. —Y ¿en qué «chambeas»? —Oye, muchas preguntas. Digamos que estoy en el negocio de entregas. —¿De veras? ¿Cuánto cobras? —Como unos cien billetes verdes [cien dólares] por cada bolsita de esos polvos. Es más de lo que gana mi viejo, chambeando en los campos todo el día, y mi vieja, planchando camisas para el dueño de la casa. ¡Y sí, más de lo que ganan juntos, ja, ja, ja! —¿Sabes que la mayoría de los chicos en tu negocio acaban en la cárcel? —Sí, pero si matas a alguien antes de llegar ahí, te van a dar respeto y protección.

Noté que, por un instante, el ceño del abogado se frunció, pero mantuvo su porte profesional. Trató de esconder su asombro, y yo también. Él quería enseñarle un poco de la realidad en la penitenciaría. —Nicky, no lo dudo, pero antes de obtener todo ese respeto y protección, ¿sabes lo que te va a pasar? —¡Ja! ¡Nada; mis homies [compañeros de pandilla] me van a proteger! —La primera noche que llegues a la penitenciaría, te van a agarrar los homies del jefe pandillero de toda la cárcel, y uno por uno, te van a violar. Los guardias van a desaparecer, pues lo consideran parte de tu castigo. Cuando ya no puedas caminar, te agarrarán a patadas, hasta que finalmente los guardias te encuentren y te pongan en confinamiento solitario hasta que te sientas mejor. Si quieren, nuevamente te van a tirar a los lobos, hasta que uno de ellos te reclame como su novia, y entonces estarás bajo su protección. ¿Lo estás cachando?

Finalmente, el valiente muchachito perdió su bravura. Comenzó a temblar como una hoja de árbol seco, y sin mayor aviso, estalló en lágrimas y sollozos hasta que su rostro quedó bañado en lágrimas y los gemidos fueron incontrolables. Su pequeño cuerpo se retorcía de dolor. El abogado se le acercó y le puso el brazo alrededor de los hombros. —Hijo, es la verdad; así es como pasan las cosas. Yo soy tu abogado, tengo que decirte todo para protegerte. —El niño recostó su cabeza sobre el brazo del abogado, y tras varios sollozos, comenzó a contar su historia. —Nos dejaron solos… nos dejaron solos… nos dejaron solos… —repetía estremeciéndose del dolor—. A mí y a mi hermanita. A ella ya se la llevaron a un «foster home» [hogar de acogida]. Mi jefe [padre] se iba de madrugada, y mi jefa [madre], poco después. Nos dejaban las tortillas en la estufa. Yo tenía que vestir a mi hermanita de cinco años. Yo apenas tenía siete. Solitos nos íbamos a la escuela, de la mano… Ay, hermanita, ¿cuándo te volveré a ver? En la noche, mi 'apá se iba a tomar con sus amigos, o se estaba ahí fuera, tomando. Mi 'amá le gritaba que se metiera. Él le daba cachetadas. Ella entonces se iba pa'l casino. Nos dejaba encargados con la vecina. Ella nos daba la cena. Yo solito hacía dormir a mi hermanita. La tenía de la mano hasta que se durmiera, pero yo también quería que alguien me tomara de la mano a mí. ¿Por qué nos dejaron solos? ¿Por qué? ¿Por qué?

De reojo miré al abogado. Había dejado su formalidad de lado, y tenía los ojos llorosos, intentando contener las lágrimas. Yo ya tenía el pañuelo en la mano. «¡Solos, nos dejaron solos!», repetía el jovencito. Ni su mamá ni su papá se habían presentado en el tribunal para acompañarlo. «Por favor, señor, deme un papá y una mamá. No me mande ahí a la juvenil. Yo no quiero matar a nadie; quiero cuidar a mi hermanita. No me quiero quedar solo». El abogado, dejando de lado su frío profesionalismo, tomó al niño como si fuera su propio hijo, dándole un fuerte abrazo hasta que se calmaron sus sollozos...

Ese abogado es un reflejo muy pequeño de Cristo, pero es un reflejo al fin. Puesto que Jesús fue a la cruz por nosotros, hoy puede decirnos: «No os dejaré huérfanos...»; «No te desampararé, ni te dejaré [...] no temeré lo que me pueda hacer el hombre» (Juan 14:18 RV60; Hebreos 13:5 RV60). Y así nos sostiene tiernamente, en un abrazo que dura para siempre.

73

¿La advertencia de Watson, o la de Juan?

> «El que en Él cree, no es condenado; pero el que no cree, ya ha sido condenado, porque no ha creído en el nombre del unigénito Hijo de Dios» (Juan 3:18 RV60).

En contra del consejo de su abogado defensor, el acusado decidió dar testimonio. Se lo acusaba de conducir ebrio por segunda vez con la agravante de haber causado la muerte de su pasajero. Era tarde por la noche, y el coche que conducía se había desviado hacia el límite entre las calzadas, donde impactó contra una palmera por el lado del pasajero. El informe del forense indicaba que el pasajero había muerto instantáneamente. El impacto contra la palmera había destruido su cráneo. El difunto había sido su mejor amigo desde la infancia. De hecho, se lo acusaba de asesinato en segundo grado. ¿Asesinato? Sí, porque cuando se declaró culpable la primera vez, había firmado la Advertencia de Watson.

> «Estar bajo la influencia del alcohol o de las drogas, o de ambas cosas, me incapacita para conducir un vehículo motorizado de manera segura. Por lo tanto, es sumamente peligroso para la vida humana conducir bajo la influencia del alcohol o de las drogas, o de ambas cosas. Si de ahora en adelante conduzco bajo la influencia

del alcohol o de las drogas, o de ambas cosas, y alguien muere, se me puede acusar de asesinato».

El acusado testificó que nadie le había traducido esa advertencia. Alegó que había firmado sin saber lo que firmaba. Pero la evidencia en su contra era el documento con su firma y la firma de un intérprete acreditado por la más alta autoridad del Estado. El jurado no creyó su pretexto. Fue sentenciado a cadena perpetua por el asesinato de su mejor amigo.

Sin embargo, en el tribunal divino no se nos hace ninguna advertencia por el segundo delito. Aun antes del primero, encontramos solamente la sentencia de Isaías: «Toda cabeza está enferma, y todo corazón doliente. Desde la planta del pie hasta la cabeza no hay en él cosa sana, sino herida, hinchazón y podrida llaga; no están curadas, ni vendadas, ni suavizadas con aceite». Por tanto, «ese malvado morirá por causa de su pecado» (Isaías 1:5–6 RV60; Ezequiel 3:18 NVI). Esta sentencia se dirige tanto al más perverso pecador como al personaje de mayor piedad, santidad, y buenas obras; porque «todo ser humano» implica que no hay excepciones. Se trata de cada uno en particular, y de todos en general. Cuando Dios toma una radiografía de cada corazón humano, eso es lo que ve. No estamos ebrios de pecado solo por segunda vez, sino por incontables veces más. También hemos causado la ruina de más personas de las que nos damos cuenta. Por eso hay una sentencia que nos condena a la muerte eterna.

Hay una sola excepción. Un examen del corazón de Jesucristo, enviado por Dios como nuestro Sustituto, revela todo lo contrario. Él es aquel «limpio de manos, y puro de corazón, el que no ha alzado su alma a la falsedad ni jurado con engaño» (Salmo 24:4 Paráfrasis del autor). Y por esa sentencia sobre su vida, nuestra sentencia también cambia. Si creemos, Dios toma en cuenta la pureza de Cristo como la nuestra, y transfiere la justicia de Cristo (una vida de perfecta rectitud) a nuestra cuenta. Pero hay más. Él firmó nuestra promesa ante millares de testigos, y jamás la olvidó. La firmó con la pluma de la cruz del Calvario. Él fue herido por nuestras transgresiones; y por sus heridas, nuestra sentencia es levantada.

A quienes escuchan esta buena nueva se les da fe para creer. Creer que su vida es la nuestra, que su muerte fue la nuestra, que su resurrección es nuestro futuro. Esta ya no es la advertencia de Watson; es la de Juan: «El que en Él cree, no es condenado; pero el que no cree, ya ha sido condenado, porque no ha creído en el nombre del unigénito Hijo de Dios»; «Pero a todos los que creen en su nombre, les dio potestad de ser hechos hijos de Dios» (Juan 3:18 RV60; Juan 1:12 RV60). Y para quienes no pueden creer, ¡él también les da el poder para hacerlo!

74

Hemos gastado hasta nuestro último centavo

> «Abogado tenemos para con el Padre, a Jesucristo el justo» (1 Juan 2:1 RV60)

—Necesito su ayuda para hablar con la madre de un acusado —me dijo un abogado de cierto renombre. Comencé a traducir. —Su hijo está por cumplir dieciocho años, pero debido a la gravedad de los alegatos en su contra, lo están tratando como un mayor de edad. —La madre, una señora de mediana edad, escuchaba, pero sus ojos llorosos y enrojecidos delataban un profundo dolor.

—Entiendo —dijo la madre. El abogado prosiguió: —Hay una nueva ley que favorece a su hijo, pues requiere que el asunto regrese al tribunal de menores. Allí, la condena no sería tan grave. Hoy pediré al juez que aplique esa ley a su hijo. —Cuando el abogado se dio la vuelta para atender otro caso, los ojos de la madre se humedecieron aun más. Tocó mi brazo, y me dijo: —Oiga, señor, ¿ese es un buen abogado? —Señora, he visto a ese abogado lidiar con casos muy difíciles —contesté, evitando comprometerme. Pero ella entendió que mi rostro preguntaba «¿por qué?». —Señor, es que ya le he pagado más de ochenta y siete mil dólares, y para seguir con el caso, quiere veinte mil más. Mi esposo y yo hemos gastado hasta nuestro último centavo. Hemos agotado todos nuestros ahorros. —Ahora, el de los ojos húmedos era yo. Por momentos fugaces, viví su agonía. Minutos después, pasé junto al jovencito. El muchacho conversaba con otros detenidos. Lo escuché decir a sus compañeros, en tono burlón: «Esos tontos de mis padres no hacen nada pa' sacarme de aquí. No saben lo que están haciendo». Los otros, a su vez, respondieron con sus propias risotadas.

«Abogado tenemos para con el Padre, a Jesucristo el justo», declara la Escritura (1 Juan 2:1 RV60). Y se nos da sin cobro alguno. No nos cuesta ni un centavo, porque él mismo lo pagó todo. Todos los ahorros de nuestra vida, todo nuestro esfuerzo de un millar de vidas, jamás serían suficientes para pagar todo lo que Jesucristo nos dio en la cruz, pues dio su vida para perdonar nuestros incontables pecados. Pero no solo los nuestros, sino también los de los incontables millones de personas que alguna vez han vivido y vivirán sobre la faz de la tierra. Piensa en eso la próxima vez que sobrevueles alguna de las grandes metrópolis de la tierra, con sus millones de habitantes. Y aun más, si los millones de las grandes ciudades se arrepintieran y vivieran justa y rectamente delante de Dios, no bastaría para saldar la cuenta del sacrificio de Cristo en la cruz. Pues él no solo nos dio su muerte, sino también su perfecta vida, y su resurrección. ¿Cómo puedes recompensar su logro de levantarse de la tumba, y darte vida eterna? No obstante, increíblemente, el corazón humano se opone a tan inmenso regalo de vida y perdón; a tanta gracia inmerecida. Quiere atribuirse algún mérito por la gracia dada. Aunque sea por arrepentirse, o por responder con ofrendas de alabanza; por el uso de algún talento, cantos, testimonios; predicar, enseñar, orar; cualquier cosa que provenga de uno mismo, que se sienta como una cooperación, y que se pueda tomar en cuenta para merecer al menos algo de la gracia, y por tanto, algo de la gloria. Sin embargo, la Escritura afirma que toda colaboración humana, sin importar cuán sincera, llena de amor y gratitud sea, es como «trapos de inmundicia» (Isaías 54:4 RV60). Solo la vida perfecta de Jesús, simbolizada por su manto de justicia, puede cubrir a cada pecador de la historia de la humanidad. Este libre e inmerecido regalo de la gracia de Dios es nuestro solamente por fe. Nuestro Abogado, siendo dueño de toda riqueza celestial, lo regaló todo para hacernos eternamente ricos con lo suyo. Ya es un *fait accompli,* un «hecho está», un mandato que él ya cumplió.

¿Necesitamos preguntar si es un buen abogado? Con su resurrección de los muertos, él declaró que ganó el caso en beneficio de toda la humanidad. Cuando se levantó de la tumba, toda la humanidad se levantó de la muerte con su triunfo. No es motivo de risa, ¡a menos que te rías de pura felicidad!

75

Usaron a sus hijos como fachada

> «Así que ya no eres esclavo, sino hijo; y si hijo, también heredero de Dios por medio de Cristo» (Gálatas 4:7 RV60). «En Cristo serán benditas todas las familias de la tierra» (Hechos 3:25 RV60).

—Usted no lo sabía, pero por más de diez años ha tenido un «sapo», un informante. Alguien que negociaba drogas con usted. Contratado por la DEA [Administración para el Control de Drogas]. Lo ha delatado al menos una vez por año. —Y ¿de qué me delata, si no hago nada malo? —respondió el acusado a su abogada. —Usted y su esposa han estado usando a su familia, sus cinco hijos, como fachada para traficar drogas entre los dos países. Usted y su esposa supieron eludir a las autoridades, hasta ahora. El informante dice que usted trae metanfetamina desde el país fronterizo. Al cruzar, siempre ha llenado el coche con sus hijos chiquitos, pero la cajuela ha estado llena de cocaína, escondida entre los juguetes y la ropita de los niños. Hasta los pañales traían cocaína en vez de material absorbente. Toda una caja de pañales tan bien sellada que parecía nueva. Cuarenta pañales con siete kilos de cocaína pura, de alta calidad. Los detectives lo han seguido. Usted ha ido hasta Oregon, Montana, Nevada, Texas. Ha vendido grandes cantidades de droga. Luego, con miles de dólares en efectivo, regresa a su país junto a toda la familia. Aparentando que se van de vacaciones, allá viven a lo grande: un hermoso condominio, piscinas, sirvientes; usted sabe lo que tiene allá. Su esposa ha sido su cómplice en todos sus negocios. —No, señora abogada. Todo es una gran calumnia. Jamás. Esta es la primera vez que cometo este error. Pero mi esposa, ¡no! Ella no sabía nada en absoluto; ¡no tiene ni un «gramo» de culpa en esto! —¿De verdad? ¿Ella no sabía que los «gramos» de leche en polvo para bebés también eran cocaína?

Tras la detención de los padres, los cinco niños fueron enviados a diferentes hogares de acogida. Fueron separados de sus padres para siempre. Pero ¿eran realmente padres para ellos? Esos padres acordaron que tendrían hijos solo para crear una fachada para su empresa de narcotráfico. Cuando esos niños crezcan, ¿qué van a pensar, al darse cuenta de que solo fueron «hijos fachada»? En otras palabras, «Yo serví para dar la apariencia de hijo, pero en realidad, ¡solo fui una fachada para los intereses egoístas de mis padres! ¿O realmente solo buscaban darnos todo lo que necesitábamos, de la mejor manera posible? Pero ¿acaso no conocían el riesgo? ¿No sabían que, si los descubrían, sería el fin de nuestra familia? ¿Realmente no les importamos para nada?».

Esas heridas solo pueden sanar acudiendo a otro Padre, que nos da toda la confianza de que somos hijos verdaderos solo porque nos ama. Por eso, con toda seguridad, podemos clamar a su nombre: «Padre nuestro que estás en los cielos». Nos ha demostrado que somos sus hijos verdaderos al entregar a su propio Hijo para dar su vida por nosotros. La sangre de Cristo, derramada en la cruz por la humanidad, nos atrae y reúne con él como una gran familia de hijos amados. La humanidad está destruyéndose porque ha perdido su sentido de familia. Países enteros y grandes potencias solo quieren usar a sus ciudadanos como «fachadas» para realizar sus propios intereses egoístas. No así nuestro Padre celestial. La Escritura nos dice: «Así que ya no eres esclavo [«*fachada*»], sino hijo; y si hijo, también heredero de Dios por medio de Cristo» (Gálatas 4:7 RV60). Es una promesa cumplida a la humanidad. «En Cristo serán benditas todas las familias de la tierra» (Hechos 3:25 RV60). No importa nuestro pasado o nuestro presente; no somos fachada de nadie. ¡Somos hijos liberados y bendecidos para siempre! La única manera de redimir a nuestras familias es reclamando para ellas la salvación de Cristo por medio de la fe. Porque «cree en el Señor Jesucristo, y serás salvo, tú y tu casa» (Hechos 16:31 RV60).

76

Olvidé que estaba casado

> «Porque también Cristo padeció una sola vez por los pecados, el justo por los injustos, para llevarnos a Dios» (1 Pedro 3:18 RV60). «¿De qué sirve ganar el mundo entero si se pierde la vida? ¿O qué se puede dar a cambio de la vida?» (Mateo 16:26 NVI).

La pareja se presentaba ante el juez en el tribunal de familias. El marido solicitaba el divorcio. En estos días, no tiene nada de raro. Pero, en este caso, había algo diferente. La pareja se había sentado junta, a la mesa de los solicitantes. Sus hombros se rozaban levemente. En la mayoría de los casos de divorcio, cada cual se sienta en un extremo opuesto de la mesa. Otro detalle extraño era la avanzada edad de la pareja. Él parecía tener al menos setenta años, a juzgar por las canas y las arrugas que el paso del tiempo va dejando en el rostro. La señora no se quedaba muy atrás. El juez lo notó enseguida. —Pero, ustedes no tienen cara de amargados. ¿De verdad se quieren divorciar? —La señora respondió primero: —Yo no, su Señoría, pero él dice que es lo mejor. —Bueno —dijo el juez—, yo no estoy aquí para hacer terapia matrimonial. Pero, señor, ¿qué está pasando? —Es que yo me casé con ella hace unos años. Sí, todavía nos queremos mucho, pero necesito divorciarme para que Dios me pueda perdonar. —No estoy aquí para juzgar sobre las cosas divinas —respondió el juez, de buen humor. —Es que, cuando me casé con ella, olvidé que estaba casado en mi país. —Y ¿dónde está la otra mujer? ¿Vino a reclamar?

—La otra está muerta. —A lo que el juez respondió: —Entonces Dios también ha olvidado que usted estaba casado. Rechazo la solicitud. ¡Disfruten juntos de los años que Dios todavía les pueda dar!

Afuera de la sala, fue como si décadas de años hubieran desaparecido mientras la pareja salía tomada del brazo como si hubieran estado bailando el día de su boda. Escuché que el juez comentaba en voz alta: «Pero el voto matrimonial es solo "hasta que la muerte nos separe"». Luego comentó a su equipo de ayudantes que él había leído el expediente. La otra señora también se había casado en su país, y después de varios años había muerto. «Es que algunos enseñan que, si te casaste con una persona estando ya casado con otra, no importa la razón, tienes que pagar por tu pecado. Ya no tienes derecho al amor íntimo de otra persona, y solo de esa manera Dios te puede perdonar. Tú mismo tienes que pagar por tus pecados». Obviamente el juez no compartía esa idea. Pero es lo que el mundo piensa y enseña: «Tienes que pagar por tus pecados, o no serás justificado ante Dios». ¡Qué diferente es lo que enseña la Escritura! «Porque también Cristo padeció una sola vez por los pecados, el justo por los injustos, para llevarnos a Dios» (1 Pedro 3:18 RV60). «¿De qué sirve ganar el mundo entero si se pierde la vida? ¿O qué se puede dar a cambio de la vida?» (Mateo 16:26 NVI). Tan grande es la perversidad de nuestros pecados, que no hay manera de pagar a Dios la pena que merecemos. Solo un cuerpo santo pudo hacerlo: el de Jesucristo, en la cruz. Allí se pagó toda culpa, y él selló su voto de amarnos para siempre.

77

Sentencia de muerte en el bolsillo

«Ha destruido el documento acusador que contenía cargos contra nosotros y lo ha hecho desaparecer clavándolo en la cruz» (Colosenses 2:14 BLPH).

—Señor —le suplicaba la abogada defensora—, no le conviene tener ese documento con usted. Su celda no es un lugar seguro. No lo puede esconder. —No se preocupe, señora, yo sé cuidarme. —No se lo recomiendo, señor —prosiguió la abogada—; las acusaciones contra usted son muy graves y delicadas. Ese documento contiene los cargos y los alegatos en su contra. La fiscalía lo acusa de violar a una menor de doce años por tres largos años. ¿Usted sabe lo que le van a hacer los otros presos cuando se enteren de los cargos en su contra? —Señora, no se preocupe por mí. —Quiero ser más clara con usted, señor: ¡lo van a violar y nadie lo va a salvar! —No, abogada; usted no sabe cómo son las cosas ahí. Estoy protegido. Tengo compañeros. —Señor, ellos mismos se podrían volver contra usted cuando sepan que se lo acusa de abuso sexual contra menores. —Yo sé lo que estoy haciendo. Estoy en todos mis derechos. Entrégueme mi copia. —Caballero, ahí están los detalles de lo que se alega que usted hizo contra esa niña cuando ella tenía nueve años. Los otros presos le harán lo mismo a usted, ¿comprende? —Yo me sé cuidar —dijo sonriendo a medias. —¡Señor!

¡Lo van a matar! —Deme esos papeles, insisto en mis derechos. —Bien —dijo la abogada, doblando el documento varias veces—. Aquí lo pongo en su bolsillo. —Mientras le entregaba los documentos, la abogada balbuceó: «Se llevó su sentencia de muerte en el bolsillo». Mientras el alguacil sacaba al preso de la sala, comentó: —Este año ya van dos muertos por lo mismo.

El hombre también había insistido en su inocencia; pero ¿por qué llevar su sentencia de muerte en el bolsillo? Su pretexto era que iría a la biblioteca de la cárcel. Allí investigaría cómo defenderse de todos esos falsos alegatos, porque no había hecho nada malo. Todo era una gran calumnia y había sido el blanco de una venganza. Pero en los casos de abuso sexual de menores, los reclusos no esperan ni perdonan. Consideran a los acusados como culpables, y no dan tregua. Torturan y matan a los sospechosos. Hay poco que los guardias puedan y quieran hacer para protegerlos. Este hombre no le hizo caso a su abogada. «Yo sé cómo cuidarme; insisto en mis derechos; sé lo que estoy haciendo, y cómo defenderme. Quiero el documento que me acusa de esos delitos».

La Escritura nos dice que nosotros también tenemos un documento en contra, con peor información. Contiene todas las demandas justas de la ley de Dios, y señala cómo las hemos quebrantado todas. La maldad del mundo nos reconoce cuando todavía vivimos bajo sus acusaciones. Nos invita a entrar en su maldad, o de otro modo, a vivir cada instante temiendo sus acechanzas. Por eso, hace muchos años, en la cruz del Calvario, Jesús tomó ese documento, cambió nuestro nombre por el de él, y luego lo clavó en la cruz. Por ese solo hecho, nos salvó de llevar con nosotros la historia de todo lo que nos acusaba ante Dios. Luego trasladó a nuestro archivo celestial todo el registro de su vida, el historial de su amor constante por sí mismo, por el prójimo, y por Dios. Ha quedado fijo en nuestro expediente celestial, como si nosotros mismos hubiéramos vivido la vida de Cristo. La Escritura lo describe así: «Ha destruido el documento acusador que contenía cargos contra nosotros y lo ha hecho desaparecer clavándolo en la cruz» (Colosenses 2:14 BLPH).

Así que somos libres, no solo del documento acusatorio, sino también de la cárcel y de la celda que nos tenía cautivos. El apóstol continúa describiendo nuestra libertad: «Él venció a todos los poderes y fuerzas espirituales a través de la cruz, desarmándolos y obligándolos a desfilar derrotados ante el mundo» (Colosenses 2:15 PDT).

Sin embargo, aun en ese escenario, Dios tiene la intención de liberar a todos los cautivos, de los cuales nosotros éramos los primeros. Pero ahora somos libres, y cuando «el Hijo los [haga] libres, serán verdaderamente libres» (Juan 8:36 Paráfrasis del autor). Y en esa libertad, ¡vivimos una vida de perpetua adoración!

78

Toda una historia de amor en una lágrima

«Enjugará Dios toda lágrima de los ojos de ellos; y ya no habrá muerte, ni habrá más llanto, ni clamor, ni dolor; porque las primeras cosas pasaron» (Apocalipsis 21:4 RV60).

La señora jueza se dirigió primero al esposo, a la izquierda de la mesa. —Señor, usted solicitó el divorcio. ¿Todavía quiere seguir adelante con su petición? —Sí, su Señoría —respondió con firmeza. —¿Su matrimonio está tan roto que no hay forma alguna de repararlo? —Así es, su Señoría. —¿Hay algo que yo, como jueza, mediante algún recurso de terapia matrimonial, podría hacer para evitar este divorcio? —No, su Señoría, gracias. —Luego, la jueza se dirigió a la esposa con las mismas preguntas. La esposa respondió igual que su marido; que estaba de acuerdo con todo, que no había esperanza para el matrimonio, y que no había manera alguna de repararlo. —Entonces —continuó la jueza—, por la facultad que me otorga el Estado de California, concedo su petición de divorcio, y ambas partes regresan a su condición de solteros. —Yo traducía fielmente las palabras de la señora jueza, cuando algo me llamó la atención a la derecha, donde estaba sentada la señora. Fue como un fugaz reflejo de luz. Y entonces lo vi. En su ojo izquierdo se había formado una pequeña lágrima. El ojo se enrojeció fugazmente, la lágrima reflejó la luz de una lámpara, y el reflejo desapareció tan rápido como se formó. El ojo reabsorbió la lágrima sin dejar huella alguna de su presencia. Apenas quedó un leve tinte rosado, que también se disipó. Afuera, en el pasillo, la señora se disculpó conmigo. —Perdón, señor, casi me pongo a llorar. —Sí, señora, pero fue tan solo una pequeña lágrima. —Ay, señor, en esa lágrima estaban todos nuestros quince años de matrimonio.

Un funeral es muy parecido a un divorcio. Pero la despedida de la muerte es definitiva. Hay divorciados que vuelven a casarse, incluso con sus antiguos cónyuges. Pero con la muerte es diferente. Es una separación final. Cuando Lázaro murió, sus hermanas llamaron a Jesús, amigo íntimo de la familia. Las hermanas le reclamaron: «Si hubieras estado aquí, nuestro hermano no habría muerto». Jesús pidió que lo llevaran a la tumba. Toda la comitiva lo acompañó, escoltado por las plañideras. En la tumba de Lázaro, Jesús oyó el llanto de toda la humanidad; sintió cada momento de duelo que la muerte ha causado a cada miembro de la familia humana, por haberse separado de él, la fuente de vida.

Toda la historia de la humanidad con la vida, la muerte y el pecado se encapsuló en ese momento. Pero el amor y la vida de Dios también estaban presentes en la persona de Jesús, el Creador. El dolor y la pérdida causados por la muerte, así como el triunfo de la vida, lo abrumaron por un instante, y «Jesús lloró» (Juan 11:35 RV60). Toda la historia del amor de Dios estaba recogida en esas lágrimas. Pero, por el lente de sus lágrimas, nos vio a ti y a mí. Vio toda nuestra historia, y aun así nos amó, y ese amor lloró por nosotros. Sus lágrimas no fueron en vano, pues después se convirtieron en sangre derramada para darnos perdón y vida. Ocupó nuestro lugar en la cruz, y con la palabra de perdón en sus labios, nos amó hasta el fin. En la vida venidera, esas mismas lágrimas se juntarán con las nuestras, pero serán lágrimas de gozo porque su amor por nosotros jamás tendrá fin! Sin embargo, el llanto será pasajero. «Enjugará Dios toda lágrima de los ojos de ellos; y ya no habrá muerte, ni habrá más llanto, ni clamor, ni dolor; porque las primeras cosas pasaron» (Apocalipsis 21:4 RV60).

79

Vamos a llevarle el regalo de cumpleaños a tu papá

> «Mas él herido fue por nuestras rebeliones, molido por nuestros pecados; el castigo de nuestra paz fue sobre él, y por su llaga fuimos nosotros curados» (Isaías 53:5 RV60).

Cuando llegaron los detectives, las dos madres estaban sacando del maletero de sus coches lo que parecía ser la compra de la semana. Entraban rápidamente por la puerta abierta del garaje, y regresaban para llevar más. De cada coche había salido un niño, y los dos jugaban inocentemente con unos cochecitos de juguete en el patio delantero. Parecía una escena tranquila en un suburbio cualquiera. Los detectives habían estado tomando fotos desde una furgoneta estacionada a cierta distancia. En el momento preciso, salieron de la furgoneta y se dirigieron caminando hacia las dos mujeres. Venían vestidos de civil, con ropa corriente. Saludaron, y anunciaron que traían una orden para registrar el domicilio. Las señoras corrieron hacia sus niños, y tomándolos de la mano, corrieron hacia los coches. Pero un detective las esperaba frente a cada vehículo. En eso llegaron varias patrullas de policía, y los oficiales se hicieron cargo de los niños mientras otros esposaban a las dos mujeres. En el garaje, escondidas en la lavadora y la secadora, había seis bolsas de compras con cinco panelas (o ladrillos) de cocaína de purísima calidad en cada una. En total, treinta panelas de cocaína de un kilo cada una. ¡Un valor de venta de un millón de dólares! Días después, esposadas, con traje azul de reclusas, se presentaban en la sala judicial para la instrucción de cargos. Los abogados les explicaron que se enfrentaban a cargos por transporte y almacenamiento de cocaína para ventas. Pero también, serios cargos por poner en peligro la vida de los dos niños, que ya estaban en hogares de acogida, bajo la custodia del tribunal. «Y ¿qué tienen que ver los niños?», preguntó una de las madres. «Ellos no han hecho nada malo. Lo único que les dijimos es que íbamos a dejarle el regalo de cumpleaños a su papá».

Cosas así lo dejan a uno sin palabras. Pero a la ley no le faltan las palabras. Las señoras se expusieron a quince años de cárcel cada una, y a la pérdida de la patria potestad de sus hijos. Descaro. Abuso, infamia, perversidad. Hay otras palabras, pero no caben aquí. El sentido de indignación que esas madres causan despierta sentimientos de acusación y condena a esas mujeres que ni siquiera merecen el nombre de madres...

Aun así, la voz del tribunal divino dice: «El que esté sin pecado que tire la primera piedra» (Juan 8:7). Parece increíble, pero todo lo malo y el peor castigo que quisiéramos para esas madres ya cayó en el cuerpo santo e inocente de Jesucristo. Ni el cuerpo, ni la mente, ni el espíritu de esas mujeres sería capaz de soportar el castigo por la infamia que cometieron contra sus hijos y la sociedad, y por el descaro de sus acciones. Jesús dijo: «Cuerpo me preparaste» (Hebreos 10:5 RV60). Y así fue. Su cuerpo santo y perfecto fue preparado para llevar el castigo que ningún ser humano es capaz de llevar. Por eso la Escritura dice: «... por sus llagas fuimos nosotros sanados» (Isaías 53:5 RV60). ¿Tendrá alguien algunas «panelitas» de pecado escondidas en el garaje de su alma? Pero el cuerpo de Cristo llevó también todo lo enfermo que hay en ti y en mí, ¡para sanarnos y amarnos para siempre!

80

¡Yo también, yo también!

> «Bendito sea el Dios y Padre de nuestro Señor Jesucristo, que nos bendijo con toda bendición espiritual en los lugares celestiales en Cristo, según nos escogió en él antes de la fundación del mundo, para que fuésemos santos y sin mancha delante de él, en amor habiéndonos predestinado para ser adoptados hijos suyos por medio de Jesucristo [...] para alabanza [...] de su gracia nos hizo aceptos en el Amado, en quien tenemos redención por su sangre, el perdón de pecados según las riquezas de su gracia» (Efesios 1:1–7 RV60).

La alguacil hizo el anuncio: «Su Señoría, estamos listos para la ceremonia de adopción». Primero entró un niño de seis años, con pantalones cortos de rayas de colores, camiseta de Superman, y las manos en los bolsillos, mirando para todos lados. Detrás, una niña de siete años, con un vestidito con flores y mariposas, que parecía flotar sobre el piso de madera. Luego entró una niñita de dos años, vestida de blanco con encajes y un lacito blanco rebelde que su hermana trataba de fijarle sobre la cabellera. Después entraron los padres adoptivos. Ciertamente, el amor los había llevado a adoptar a estos tres niños, todos de familias diferentes. Y por último, entró una señora con el uniforme de un orfanato. Traía de la mano a un niñito de tres años que solo parecía llevar por prenda sus ojazos cafés, atentos a todo. Sin embargo, este niño no formaba parte del grupo de adoptados. Durante la ceremonia, observé de reojo que el niñito alzaba tímidamente la mano por encima del banco que tenía enfrente. En poco tiempo, el juez concluyó la ceremonia de adopción y los invitó a pasar al estrado para que se tomaran una foto con él. El jovencito con la camiseta de Superman posó con el martillo del juez en la mano. El niño de tres años seguía en el público con su tutora, pero sus ojos no perdían detalle. Luego de la foto, la alguacil les regaló unos muñequitos de peluche a los niños adoptados, y de repente, sin previo aviso, el estrado del juez se prestó para tiernos besos y abrazos de felicitaciones entre todos. Entre el público, el niñito agitaba la mano en el aire, aun antes de que se repartieran los juguetes. El juez finalmente lo notó, y le preguntó: «Y tú, niñito, ¿qué quieres?». «¡Yo también, yo también, yo también!», gritó.

El juez lo invitó a pasar adelante, le dio un gran abrazo, lo cubrió con su manto judicial y le regaló un osito de peluche. Le prometió que muy pronto él también tendría una nueva familia.

En el pesebre de Belén, ese niño era Jesús, quien agitaba sus manos en nombre de toda la humanidad, clamando: «¡Nosotros también, nosotros también, nosotros también!». Lo tuvo que hacer en nuestro lugar, porque nuestro orgulloso corazón piensa que podemos criarnos bien sin ayuda alguna. Pensamos que todo lo necesario para esta vida es el buen uso de nuestra razón —preferimos llamarlo «sentido común»—, y teniendo eso, ¡ya verán todo lo que seremos capaces de lograr! Sin embargo, él vio nuestra soledad desoladora, pues todos nos escondemos en cascarones de nuestra propia hechura. Incluso apartamos y alejamos a nuestras propias familias. Lucimos diferentes máscaras para aparentar que estamos felices, contentos, y bien equilibrados. Pero, por dentro, en el silencio de nuestro corazón, alzamos la mano diciendo: «¡Yo también, yo también!». Por eso, «bendito sea el Dios y Padre de nuestro Señor Jesucristo, que nos bendijo con toda bendición espiritual en los lugares celestiales en Cristo, según nos escogió en él antes de la fundación del mundo, para que fuésemos santos y sin mancha delante de él, en amor habiéndonos predestinado para ser adoptados hijos suyos por medio de Jesucristo, según el puro afecto de su voluntad, para alabanza de la gloria de su gracia, con la cual nos hizo aceptos en el Amado, en quien tenemos redención por su sangre, el perdón de pecados según las riquezas de su gracia» (Efesios 1:3–7 RV60). El Juez nos invita a pasar a su tribuna, donde nos abraza con amor eterno, nos cubre con su manto y nos hace entrar a un festín con toda la familia del infinito universo. No hay razón para que alguien quede afuera. Por medio de Cristo, el amoroso deseo de Dios para su familia humana se ha cumplido: «¡Tú también, tú también!».

81

Usted no me ha dado nada

> «Un solo acto de justicia de Jesucristo —su vida entera— produjo la justificación que da vida a todos. Porque así como por la desobediencia de uno solo (Adán) muchos fueron constituidos pecadores, también por la obediencia de uno solo (Jesucristo) muchos serán declarados justos» (Romanos 5:18-19 Paráfrasis del autor).

—Siento recordárselo, señora, pero la audiencia de hoy no será nada agradable. Lo más probable es que la señora jueza le diga que usted ha perdido la patria potestad de su niño. —Y ¿qué quiere decir eso? —respondió la madre. —Se lo he explicado muchas veces —continuó la abogada—. La señora jueza le dio dieciocho meses para cumplir con las clases para padres, el programa de rehabilitación de drogas, y las terapias con su hijo. Usted no ha hecho nada. Se acabaron las oportunidades. Hoy mismo perderá sus derechos legales de madre. Su hijo será dado en adopción a los padres de acogida. —El semblante de la madre cambió de sorpresa a ira, luego a dolor, y con grandes sollozos, escondió su rostro entre sus manos. —Pídale una vez más a la señora jueza, se lo ruego, no me quiten a mi niño. —Pero es que usted no me ha dado nada con qué pedirle. No ha ido a una sola clase, e incluso ha dado pruebas sucias de drogas. ¿Podría, al menos, decirme por qué razón no fue a las clases? —Es que a esa hora hace mucho calor, no tengo quien me lleve, no me gusta tomar el bus, y no tengo coche. —Momentos más tarde, al oír esos pretextos, la señora jueza puso la mirada en blanco, no quiso escuchar más argumentos, y de inmediato fijó una fecha para la adopción del niño. También añadió: —Su hijo no quiere volver con usted, señora. Dice que está muy bien con sus padres de acogida; muy pronto lo adoptarán como su propio hijo. —No hay palabras para describir el horror y el dolor de esta madre al darse cuenta de que había agotado sus oportunidades.

Nuestros primeros padres tomaron una decisión similar. Cuando se les dio el privilegio de ser los padres de toda una raza de seres hechos a la imagen de Dios, dieron lugar a su codicia de ser como Dios mismo. Abandonaron el privilegio de ser padres de la raza humana buscando posiciones y títulos que no les correspondían. Pretendieron ser como Dios el Creador cuando tan solo eran criaturas. De que fueron padres, lo fueron. Transmitieron esa misma codicia a toda su raza. Perdieron la patria potestad de una raza de seres creativos, amorosos, y en perfecta conexión con su Creador. Pero no todo se perdió. El Juez del universo nos dio un nuevo Padre, un segundo Adán. ¡Sí! El mismo Jesucristo es también nuestro nuevo y mejor Adán. En Él ha sido creada de nuevo toda la humanidad. «Por tanto, así como una sola transgresión [Adán] causó la condenación de todos, también un solo acto de justicia de Jesucristo —su vida entera— produjo la justificación que da vida a todos. Porque así como por la desobediencia de uno solo [Adán] muchos fueron constituidos pecadores, también por la obediencia de uno solo [Jesucristo] muchos serán declarados justos» (Romanos 5:18–19 Paráfrasis del autor). Fuimos rescatados por Jesucristo, pues él es nuestra nueva creación. Así es como Jesús nos presenta ante el Padre, pero revestidos en la perfecta humanidad de Cristo. Y por la fe en su vida única de rectitud, ¡somos declarados justos para siempre ante Dios!

82

¿Un depredador sexual en plena misa?

> «¿Quién acusará a los escogidos de Dios? Dios es el que justifica. ¿Quién es el que condenará? Cristo es el que murió; más aun, el que también resucitó, el que además está a la diestra de Dios, el que también intercede por nosotros» (Romanos 8:33–34 RV60).

—Señor juez, quiero una orden de alejamiento contra esta señora porque me forma escándalo en plena misa. —Continúe, explique su petición. —En plena misa, señor juez, se pone de pie, y delante de todos, adultos y niños, grita señalándome a mí: «Ese es un depredador sexual, un violador de niños; mírenlo bien, cuídense de ese pervertido». Me causa mucha vergüenza, porque mis propios hijos lo escuchan, y me difama en público. —¿Qué dice usted de todo eso, señora? —preguntó el juez a la demandada. —Señor juez, es que yo ya tengo una medida de protección contra este pervertido, del juez anterior a usted, porque este violador me estaba acosando sexualmente. —Y ¿es cierto que hay niños escuchando esos gritos? —Bueno, señor juez, francamente no lo sé. Lo que quiero es que este señor no ponga un pie en la misa cuando yo esté allí. —Durante la diligencia judicial, poco a poco se reveló la historia en las voces de varios testigos. Tanto el señor como la señora estaban casados con sus respectivas parejas, pero entre ellos había ocurrido un amorío. El esposo de la señora le exigió, como condición para perdonarla, que pidiera una medida de protección. El demandante confesó que el amorío sí había ocurrido, pero que él ya no quería nada con ella. La señora, sin embargo, lo buscaba, y le gritaba en plena misa, en los centros comerciales, y frente al colegio de los niños. El juez advirtió a la señora que no le convenía formar escándalos; que no era bueno que los niños escucharan todos esos alegatos y gritos. Que, si se sentía ofendida, podía llamar a la policía. Además, el demandante nunca había sido condenado por un delito sexual, así que la señora también se arriesgaba, dijo el juez, a ser demandada por calumnias. —No es justo, señora, que usted lo calumnie públicamente por actos que él no ha cometido —advirtió el juez. No obstante, al finalizar la audiencia, persistía la sensación de que todavía quedaban capítulos por escribir en esa historia.

Las calumnias contra Jesucristo también ocurrieron en pleno servicio religioso. Fueron divulgadas por las voces de gente aparentemente religiosa y sus líderes. «Se hace pasar por Dios; dijo que destruye este templo y lo vuelve a construir en tres días. Enseña contra las leyes de nuestros antepasados. No nos permite lapidar a fornicarios, adúlteros, y transgresores del sábado. Quebranta la ley de Moisés. No guarda el sábado. Hay que lapidarlo conforme a la ley». Las peores calumnias, acusaciones de cosas dignas de muerte, fueron lanzadas contra él en pleno servicio religioso, en el templo mismo, y por las propias autoridades religiosas. Y aunque la propia ley prohibía la calumnia («no darás falso testimonio»), era preciso que él fuera señalado, acusado, y condenado como pecador. ¿Por qué? Para que nosotros no fuéramos señalados, acusados, y condenados como pecadores. Pues él tomó nuestros pecados sobre su propio cuerpo (1 Pedro 2:24), a tal punto que ¡se hizo la totalidad de los pecados de toda la inhumana humanidad! Fue condenado en nuestro lugar. Cuando él fue crucificado, nosotros fuimos crucificados; cuando él fue sepultado, nosotros fuimos sepultados. Y cuando él resucitó de entre los muertos, nosotros resucitamos en él. «¿Quién acusará a los escogidos de Dios? Dios es el que justifica. ¿Quién es el que condenará? Cristo es el que murió; más aun, el que también resucitó, el que además está a la diestra de Dios, el que también intercede por nosotros» (Romanos 8:33–34 RV60).

Y ¡esa realidad describe tanto el fin como el principio de nuestra historia!

www.ingramcontent.com/pod-product-compliance
Lightning Source LLC
LaVergne TN
LVHW091117080826
845145LV00008B/1947

* 9 7 8 1 9 5 6 6 5 8 0 8 8 *